당신은 이미 일본어를 알고 있다!!
[라멘] 정도만 안다면 이미 충분!!
알고 있는 단어들로 만들어가는 생존 일본어!!

회사원A
여행 일본어

회사원A 여행 일본어

초판 1쇄발행 2019년 6월 3일 **지은이** 최서희 **펴낸이** 김화정 **인쇄** 미래피앤피

펴낸곳 mal.lang **주소** 서울시 서대문구 연희로27길 91 **전화** 02-6356-6050 **팩스** 02-6455-6050

이메일 ml.thebook@gmail.com **출판등록** 2015년 11월 23일 제 25100-2015-000087호

ISBN 979-11-960531-5-4 ⓒ 2019 by 최서희
-

이 도서의 국립중앙도서관 출판예정도서목록(CIP)은 서지정보유통지원시스템 홈페이지

(http://seoji.nl.go.kr)와 국가자료공동목록시스템(http://www.nl.go.kr/kolisnet)에서 이용하실 수 있습니다.

(CIP제어번호: CIP2019017194)

회사원 A
여행 일본어

세상에서 가장 간단하고 쉬운 일본어

회사원A 지음

MAL'LANG

여기는 회사원A~

TV에서 한국어를 처음 접하는 외국인을 봤어요. 여행 한국어 책에 나온 "저는 삼계탕 하나 주세요."를 너무 어려워하는 거예요. 만약 그 책에 "삼계탕 요!"라고 돼 있었다면 훨씬 더 쉬웠을텐데 하는 생각이 들었어요.

저를 뷰티 크리에이터로 알고 계신 분들이 많을 거예요. 사실 저는 일본에서도 잘 나가는 뷰티 크리에이터랍니다. 일본에서는 K-뷰티에 대한 관심이 정말 높거든요. 요즘은 거의 한 달에 두 번은 출장차 일본에 가는 것 같아요. 언어를 하니까, 기회의 폭도 더 넓어진 것도 사실입니다.

첫 외국 여행지를 일본으로 선택하신 분들도 많을 텐데요, 가장 간단한 문장과 의미가 바로바로 통하는 문장들로 이 책을 구성했습니다. 시작도 어렵지 않도록, 첫 장은 여러분이 이미 알고 있을 법한 일본어 단어들부터 정리해봤어요.

한 줄 한 줄 제가 직접 쓴 저의 첫 번째 책입니다.
부디 여러분에게 도움이 되었으면 해요!

2019년
회사원A가 여러분께 사랑을 담아

이 책이 어떤 책이냐 하면~

필요한 표현만 쏙쏙!

여행자에게 필요한 건 여행에 필요한 표현! 혹시 모를 상황을 대비한 사전식 표현 나열은 No!
회사원A가 머릿속에 담아둘 확실히 필요한 여행 일본어 표현만 가려 뽑았다.

간단하게, 생생하게, 쉽게!

일본어 전혀 모르는 여행자를 위한, 간단하지만 현장에서 바로바로 통하는 서바이벌 표현들이
다. 일본어로 스트레스 받지 말자. 비행기 티켓 끊고 시작해도 늦지 않을만큼 간단하고 쉽게,
필요한 만큼만 확실하게 챙겨갈 수 있도록 준비했다.

표현 속 패턴으로 활용도 100배!

'~주세요'[~오네가이시마스], '~있나요? ' [~아리마스까?] 등처럼 여행에서 자주 쓰는
패턴은 정해져있다. 이 책의 대부분 표현에는 다양한 상황에서 사용할 수 있는 필수 패턴이 담
겨 있다.

회사원A의 미니 영상 강의 수록!

10개 모든 챕터에 스타 유튜브 크리에이터 회사원A의 미니 영상 강의가 수록돼 있다. 딱딱한
강의가 아닌 회사원A의 톡톡 튀는 영상보며 설레는 일본 여행 준비 고고씽~!

뜯어서 가지고 가는 카드

일본어 표현 공부할 시간이 전혀 없다면, 책 맨뒤의 부록 [뜯는 카드]를 뜯어 여행지로 가지고
가자. 필요할 때 쓰윽 꺼내 보면 OK!

이 책은 이렇게 활용해요

출국까지 시간이 좀 있나요?

한 달 전부터 시작해도 충분하다. 하루에 두 표현씩만 하자. 책 맨뒤의 부록 [뜯는 카드]를 공부한 만큼 뜯어 가지고 다니며 틈틈이 소리 내 읽으면 훨씬 오래 기억에 남는다.

여행 떠나기 하루 전, 공부할 시간이 없나요?

당장 며칠 뒤 출국이라면 챕터 1과 2를 휘리릭 살펴보자. 그리고 [뜯는 카드]를 모두 뜯어 링이나 끈에 끼워 여행지에 가지고 가자. 여행 내내 곁에 두고 필요할 때 꺼내 보면 된다.

이 책으로 일본어 공부 시작해보고 싶나요?

각자의 학습 페이스에 맞게 양을 정해 학습하자. 하루에 표현 한 개여도 좋다. 대신 매일 꾸준히 해야 한다는 걸 잊지 말자. 학습한 내용은 [뜯는 카드]를 활용해 누적학습을 한다. 하루 한 장씩 늘려가면서 앞의 카드들(처음부터 그날 공부한 표현까지)도 누적해서 소리 내 읽는다. 부담 없이 매일 꾸준히 일본어 공부가 가능해진다.

회사원A의 챕터 강의영상은 **책의 QR**과 유튜브 채널 **<회사원B>**에서 확인할 수 있습니다.
> **QR코드** 각 챕터의 시작 페이지에 있는 QR 코드를 QR 코드 어플을 통해 스캔
> **유튜브 채널 <회사원B>** youtube.com에서 '회사원B' 검색

원어민이 녹음한 무료 MP3파일은 **콜롬북스 앱**에서 다운로드 받을 수 있어요.
> 구글플레이어 및 앱스토어에서 '콜롬북스' 검색

Contents

필요한 표현 다 모았어~

회사원A~ 궁금한 게 있어요

질문 1 › 일본어 어떻게 공부하셨어요?

저는 영포(영어 포기)를 해서 일어를 하게 된 경우랍니다. 제가 다니던 고등학교는 1학년까지는 공통 영어 과목을 배우다가, 2학년부터 영어와 제 2외국어인 일본어 중에 선택할 수 있었어요. 저는 딱히 수능 볼 생각도 없고, 영포자이기도 해서 그냥 일본어 반에 들어가기로 했죠.

일본어 반에 들어가니 13명 정도 소수 정예에, 저 말고 다른 친구들은 일본에 있는 대학교로 유학 갈 친구들이었어요. 유학 생활의 생존을 위해 수업은 회화 위주로 진행됐고, 덕분에 저까지 덩달아 입이 트이게 되었답니다.

질문 2 › 일본어 어떻게 공부하면 될까요?

일본어만큼 한국 사람이 공부하기 쉬운 언어가 또 없답니다. 우리와 겹치는 한자도 많고 어순도 비슷하니까요. 영어나 러시아어처럼 우리말과 완전히 거리가 먼 언어보다 훨씬 적은 시간에 실력이 쑥쑥 늘 수 있어요. 다만, 모든 언어 공부에 왕도는 없는 법! 조금씩 꾸준히 공부하는 게 언어 공부의 정답인 것 같아요.

질문 3 › 일본어 발음 어떻게 하면 좋아질까요?

일본어뿐만 아니라 모든 언어 공부에 적용되는 방법일 텐데요, 내 목소리를 녹음해서 들어보는 겁니다. 저는 제가 직접 제 영상을 편집하다 보니 〈회사원J〉 채널에서 제가 말하는 일본어를 듣게 되는데요, 〈회사원J〉 채널을 막 시작했을 때 충격이 컸던 기억이 나요.

제 나름대로 일본어 발음이 좋다고 생각해왔는데 막상 영상을 편집하려니 제가 말하는 일본어가 하나도 안 들리는 거예요. 근데 계속 꾸준히 제가 말한 영상을 들으면서 편집하다보니 저의 실수나 부족한 걸 개선하게 되고, 그러면서 조금씩 좋아졌던 거 같아요. 요즘 〈회사원J〉 채널의 영상을 보면 제 발음이 훨~씬 잘 들리거든요.

질문 4 › 일본에서 하면 안 되는 행동이 있을까요?

제가 체감하기로는, 일본에선 정숙해야 할 장소가 많은 것 같아요. 전철 안에서도 우리나라보다 훨씬 조용한데요, 큰 소리로 대화를 하거나 전화통화를 하는 건 비매너로 여겨져요.

질문 5 › **일본 여행은 처음이에요. 팁 좀 주세요.**

현금을 넉넉히 챙겨가세요! 일본에선 카드를 사용할 수 없는 매장이 많답니다. ㅠㅠ 특히 음식점에선 현금만 받는 곳이 많아요. 시부야에서 버거 체인점에 들어가서 당당히 주문했는데! 현금만 받는다고 해서 어쩔 수 없이 주문 취소하고 돌아 나온 적이 있답니다. 특히나 밥 먹을 땐 현금을 꼭 챙기세요.

챕터 1

일본어, 어렵지 않아

일본어를 제일 쉽게 시작
하는 방법! 이미 알고 있
는 일본어, 어디서 봤다 싶
은 일본어를 사용해보는
거죠. 아는 단어가 꽤 많아
서 깜짝 놀랄 거예요.

회사원A
미니영상

당신이 이미 알고 있는 일본어

여러분은 이렇게 많은 일본어를 이미 알고 있었던 겁니다. 게다가 일본 여행에서도 매우 유용합니다!

はい			レンタカー	
□ **하이** > 네			□ **렌타카-** > 렌터카	
オーケー			時間	
□ **오-케-** > OK			□ **지캉** > 시간	
韓国			メニュー	
□ **캉코쿠** > 한국			□ **메뉴-** > 메뉴	
日本語			予約	
□ **니홍고** > 일본어			□ **요야쿠** > 예약	
写真			スカート	
□ **샤싱** > 사진			□ **스카-토** > 스커트	
コーラ			ティーシャツ	
□ **코-라** > 콜라			□ **티-샷츠** > 티셔츠	
ショッピング			バス	
□ **숍핑구** > 쇼핑			□ **바스** > 버스	
ラーメン			タクシー	
□ **라-멘** > 라멘			□ **타쿠시-** > 택시	
コーヒー			アプリ	
□ **코-히-** > 커피			□ **아프리** > 어플	
無料			かばん	
□ **무료-** > 무료			□ **카방** > 가방	

휘리릭 보고 외워두면 일본 여행에서 유용하게 쓸 수 있는 단어들이에요! 여행하며 꼭 보거나 듣게 되는 단어들이니 기억해두세요.

	한국어		일본어 (読み)		한국어		일본어 (読み)
☐	아니오	>	いいえ **이이에**	☐	스마트폰	>	スマホ **스마호**
☐	전철	>	電車 **덴샤**	☐	캐리어	>	スーツケース **스-츠케-스**
☐	역	>	駅 **에키**	☐	공항	>	空港 **쿠-코-**
☐	바지	>	パンツ **판츠**	☐	항공사	>	航空会社 **코-쿠-가이샤**
☐	영어	>	英語 **에이고**	☐	편의점	>	コンビニ **콤비니**
☐	화장품	>	コスメ **코스메**	☐	금연	>	禁煙 **킨엔**
☐	백화점	>	デパート **데파-토**	☐	흡연	>	喫煙 **키츠엔**
☐	계산	>	会計 **카이케-**	☐	추천템	>	おすすめ **오스스메**
☐	생맥주	>	生ビール **나마비-루**	☐	물수건	>	おしぼり **오시보리**
☐	고기	>	肉 **니꾸**	☐	면세	>	免税 **멘제-**

어떻게 읽는지는 몰라도 한자는 딱 알겠죠? 근데 이 단어들이 두루두루 많이 쓰인다는 거~! 우리가 쓰는 한자와 약간 다른 한자도 있으니 자세히 봐두자구요.

이리구치
☐ 入口 > 입구 > 전철역에서 흔히 볼 수 있어요. 상점의 출입문과 계산대도 입구와 출구가 따로 있는 경우가 많답니다.

데구치
☐ 出口 > 출구

히가시구치
☐ 東口 > 동쪽 출입구 > 일본 전철에서 흔히 볼 수 있는 표지판. 일본의 전철 출입구는 우리나라처럼 번호로 되어있지 않아요. 대신 크게 동서남북 출입구가 있고 그 사이사이 거미줄처럼 작은 출입구들이 얽혀있죠. 길 찾는 시간을 줄이려면 일단 동서남북 출입구 한자부터 눈에 익혀둡시다.

니시구치
☐ 西口 > 서쪽 출입구

미나미구치
☐ 南口 > 남쪽 출입구

키타구치
☐ 北口 > 북쪽 출입구

마도구치
☐ 窓口 > 창구 > '은행 창구'라고 할 때 그 '창구'입니다. 역이나 공항 등에서 창구를 찾는다면 이 한자가 써진 표지판을 찾으세요.

큐-코-
☐ 急行 > 급행 > 기차 안내 표지판에서 볼 수 있습니다.

톡큐-
☐ 特急 > 특급 > 급행보다 더 많은 역을 건너뛰는 특급 열차입니다.

츠-카
☐ 通過 > 통과 > 해당 역을 그냥 지나가는 열차를 말해요.

☐	호-멘 **方面**	> 방면	> '오이도행' 처럼 '~행', '~방면'을 뜻해요.
☐	지코쿠효- **時刻表**	> 시간표	> 우리는 '시간표'라고 하지만, 일본에선 '시각표'라고 해요.
☐	부타니꾸 **豚肉**	> 돼지고기	> 돼지 돈 豚 + 고기 육 肉
☐	토리니꾸 **鶏肉**	> 닭고기	> 닭 계 鶏 + 고기 육 肉
☐	카이케- **会計**	> 계산	> 일본어로는 '계산'을 '회계'라고 해요.
☐	케-타이 **携帯**	> 휴대폰	> '휴대전화'를 줄여서 '휴대'라고 해요.
☐	에-교-츄- **営業中**	> 영업 중	> 일본의 대부분 식당은 잠시 쉬는 브레이크 타임이 있어서 영업 중인지 휴식 중인지 안내판을 입구에 걸어두는 경우가 많으니 기억해두세요. 브레이크 타임 때는 休憩中(휴식 중) 혹은 準備中(준비 중)이라는 안내판이 걸려있을 거예요.
☐	큐-케이츄- **休憩中**	> 휴식 중	
☐	비쥬츠칸 **美術館**	> 미술관	> 우리 한자와 모양이 같고 발음도 비슷하답니다.
☐	코-엔 **公園**	> 공원	> '여의도 공원', '도산 공원 앞'처럼 자주 쓰는 말이에요.

일본어는 못하지만 일본 영화나 드라마, 애니메이션에서 자주 들어본 일본어 표현이 있을 거예요. 그 표현들을 모아봤어요. 정말 많이 쓰는 표현들이니 무슨 뜻인지도 기억해뒀다가 여행지에서 꼭 써보세요.

そうですか。
□ **소-데스까。** > 그래요? (맞장구칠 때 많이 하는 말)

え～～?
□ **에～～?** > 여러 상황에서 놀랐을 때, 황당할 때 하는 말

ありがとうございます。 。
□ **아리가토-고자이마스。** > 감사합니다.

すみません。
□ **스미마셍。** > 미안합니다. 저기요. (사과 외에도 누군가를 부를 때도 사용)

ごめんなさい。
□ **고멘나사이。** > 미안합니다.

初めまして。
□ **하지메마시떼。** > 처음 뵙겠습니다.

いらっしゃいませ!
□ **이랏샤이마세!** > 어서 오세요! (점원이 손님을 맞이할 때)

ちょっと待ってください。
□ **촛토맛떼구다사이。** > 잠시 기다려주세요.

いただきます。
□ **이따다키마스。** > 잘 먹겠습니다.

大丈夫ですか?
□ **다이죠-부데스까?** > 괜찮아요?

우리말의 '됐어요'는 상황에 따라서 긍정으로도, 부정으로도 쓰일 수 있죠. 일본어에도 한 가지 표현으로 여러 상황에 돌려쓸 수 있는 표현이 많답니다. 상황에 맞는 말투로 다양하게 사용해보세요.

1

- **스미마셍~**。 (한 손 들고) > [식당에서] 여기요~.

- **스미마셍!** (놀란 듯) > [길 가다 부딪혔을 때] 어이쿠, 실수! 미안합니다!

- **스미마셍…**。 (양손을 모으고) > [사과할 때] 죄송합니다.

- **스미마셍**。 (감탄하며) > [감사할 때] 이렇게까지 해주시니 미안하고 감사합니다.

- **스미마셍**。 (머리를 긁적이며) > [멋쩍을 때] 그렇게 칭찬해주시다니… 감사합니다. 헤헷.

- **스미마셍**。 (미안해 하며) > [말을 걸거나 양해를 구할 때] 실례합니다.

"미안합니다. 죄송합니다."라는 뜻으로 알고 있는 [스미마셍。]! 이렇게 사과할 때도 쓰지만, 다양한 상황에서 가볍게 입버릇처럼 [스미마셍。]을 자주 씁니다.

-  **고멘나사이**。 > 죄송합니다.

보다 정중하게 사과하고 싶을 때는 [고멘나사이。]를 씁니다.

②

- 도-모- 오네가이시마스。 > 반가워요.
  ([도-모- 요로시쿠 오네가이시마스。]의 줄임말)

- 오네가이시마스。 (가리키며) > 이거 주세요.

- 오네가이시마스。 (끄덕이며) > 그럼 그렇게 해주세요.

- 오네가이시마스。 (간절하게) > 부탁할게요.

- 오네가이시마스。 (미간을 찌푸리며) > 제발 좀 해주세요! 좀!!

[오네가이시마스。]의 원래 뜻은 "부탁합니다."인데요, 이 표현 역시 여러 상황에서 돌려 막기 가능한 표현이랍니다.

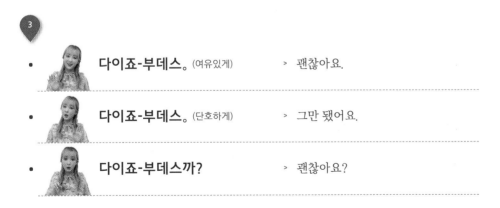

③

- 다이죠-부데스。 (여유있게) > 괜찮아요.

- 다이죠-부데스。 (단호하게) > 그만 됐어요.

- 다이죠-부데스까? > 괜찮아요?

우리는 "괜찮아요."를 "이제 그만."이라는 의미로도 쓰죠. 일본어도 비슷해요. [다이죠부]는 '괜찮다'는 뜻인데, 정말 괜찮을 때도 쓰지만 이제 그만해도 괜찮다고 말할 때도 쓴답니다.

- (밝은 얼굴로) **도-모。**   ＞   안녕하세요. 반가워요.

- (손을 흔들며) **도-모。**   ＞   이만, 안녕히.

일본어로는 아침 인사 [오하요오고자이마스。], 낮 인사 [콘니치와。], 저녁 인사 [콘방와。]를 따로 구분해서 사용해요. 우리는 시간 구분 없이 말하다보니 시간대별로 인사를 달리 하는 게 어렵죠. 그럴 때는 [도-모-。]라는 캐주얼한 표현을 사용해보세요. 하지만 나이가 많은 분과의 만남이나 비즈니스 미팅 등 격식을 갖춰야 하는 자리에서는 실례가 되지 않게 제대로 된 정식 인사를 사용하는 게 좋아요.

이건 꼭 외우고 가자

일본으로 떠나기 전 꼭 외워야 할 표현들! 일본어 전혀 몰라도 여행 가기 전에 반드시 익혀야 할 생존 일본어 표현들입니다. 미리 못 외웠다면 비행기 안에서라도 꼭 외워가기로 해요.

회사원A
미니영상

1

- 아침에 일어나서 점심 먹기 전까지   >   おはようございます。
                                                     오하요-고자이마스。

- 점심 먹고 퇴근 전까지   >   こんにちは。
                                                     콘니치와。

- 퇴근 시간 지나서   >   こんばんは。
                                                     콘방와。

- 잠들기 전 인사 (안녕히 주무세요.)   >   おやすみなさい。
                                                     오야스미나사이。

영어에서 "굿 모닝Good morning., 굿 애프터눈Good afternoon., 굿 나잇Good night."처럼 시간에 따라 인사가 변하듯, 일본어도 시간대에 따라 인사말이 다르답니다.

2

- 안녕히 계세요.   >   では、また。
                                                     데와, 마타。

- 잘 가요.   >   では、また。
                                                     데와, 마타。

- 또 뵐게요.   >   では、また。
                                                     데와, 마타。

"굿바이Good bye."라고 말하고 싶다면? 이미 잘 알고 있는 [사요-나라。]가 있죠. 하지만 [사요-나라。]는 "그럼 이만… 안녕히…"처럼 영영 헤어질 것 같은 느낌이 들어요. 여행 중 가볍게 "안녕히 계세요~.", "또 뵐게요~."라고 말하고 싶을 땐 [데와, 마타。](그럼, 이만 또….)라고 하면 됩니다.

3

- 일본어 못해요.   >   ^{日本語} ^{できません。} **니혼고 데키마셍。**

- 이해 못하겠어요.   >   ^{理解} ^{できません。} **리카이 데키마셍。**

일본어로 말을 걸어오는데 무슨 말인지 모르겠다면, 일본어를 못한다고 솔직하게 말합시다. [~데키마셍]은 우리말의 '~못해요'와 비슷한 표현이에요.

4

- 천천히 말해주세요.   >   ^{ゆっくり} ^{お願いします。} **윳쿠리 오네가이시마스。**

- 영어로 말해주세요.   >   ^{英語で} ^{お願いします。} **에이고데 오네가이시마스。**

상대방에게 부탁할 때 사용하는 [~오네가이시마스]는 정말 많이 쓰는 표현이에요. 직역하면 "부탁합니다." 인데, 우리말의 '~해주세요'를 대부분 다 대체할 수 있는 유용한 표현입니다. [오네가이시마스]에서 [오네가이]お願い는 '원하는 것', [시마스]します는 '~합니다'라는 뜻으로 〈오네가이+시마스=부탁(원하는 것)이 있어요〉가 되는 거죠.

5

- 고맙습니다.   >   ^{ありがとうございます。} **아리가토-고자이마스。**

"고맙습니다."의 기본 표현은 [아리가토-고자이마스。]. 그냥 [아리가토-。]라고 하면 "고마워."라는 반말이 돼요. [아리가토-고자이마시타。]는 이미 상황이 종료된 시점에 "감사했습니다."의 의미로, "수고하셨습니다. 안녕히 가세요."의 뉘앙스라고 생각하면 돼요.

6

• 한국말 하는 분 계세요?　　>　　韓国語 できる方 いますか?
　　　　　　　　　　　　　　　　캉코쿠고 데키루카타 이마스까?

관광객이 많은 공항이나 호텔, 관광지, 쇼핑몰 등에는 한국어가 가능한 직원이 있는 경우가 많습니다. 일본어도, 영어도 자신 없으면 '~계세요?'라는 뜻의 [~이마스까?]를 사용해 한국말 하는 분을 찾아봅시다.

7

• 저는 한국 사람이에요.　　>　　私は 韓国人です。
　　　　　　　　　　　　　　　　와따시와 캉코쿠진데스。

• 한국에서 왔어요.　　>　　韓国から 来ました。
　　　　　　　　　　　　　　　　캉코쿠까라 키마시타。

여행을 하다 보면 종종 [도치라까라 이랏샷딴데스까?] どちらから いらっしゃったんですか?라고 어디서 왔는지 물어봅니다. 그럴 땐 당황하지 말고 한국 사람이라고 대답해봅시다.

8

• 저는 회사원A입니다.　　>　　私は 会社員Aです。
　　　　　　　　　　　　　　　　와따시와 카이샤잉A데스。

• 회사원A라고 합니다.　　>　　会社員Aと申します。
　　　　　　　　　　　　　　　　카이샤잉A토모-시마스。

예약을 확인할 때처럼 나의 이름을 얘기해야 할 때가 있죠. 그럴 때 위의 표현들을 사용해보세요!

へえ~。
- **헤에~。**   >   (맞장구. 새로운 사실을 알았을 때)

ええ~!
- **에에~!**   >   (맞장구. 놀랐을 때)

ね~。
- **네~。**   >   (맞장구. 가볍게 동의할 때)

なるほど。
- **나루호도。**   >   그렇군요. (납득했을 때)

確かに。
- **타시카니。**   >   그렇지요. (나도 확실히 그렇게 생각할 때)

そうだね。
- **소-다네。**   >   맞아. (동의할 때, 친구에게 사용)

そうですね。
- **소-데스네。**   >   맞아요. (동의할 때)

일본 사람들은 상대의 얘기에 맞장구를 잘 쳐줘요. "네 얘기 잘 듣고 있어."라는 의미니까 여러분도 대화 중 간중간 사용해보세요. 상대방이 좀 더 친근하게 생각할 거예요.

공항, 교통

드디어 일본에 도착했습
니다. 두근두근! 이제부터
즐길 일만 남았다고 생각
한 찰나, 일본의 대중교통
이라는 헬게이트를 마주
한 당신! 살아남아~! 이
각박한 일본의 대중교통
세상에서!!

회사원A
미니영상

입국신고서 쓰기

일본으로 입국하는 외국인은 입국 신고서를 작성해야 합니다. 사실 입국신고서는 영어로 적어도 되는데요, 어떤 칸에 어떤 내용을 쓰면 되는지 확인해볼게요.

外国人入国記録 DISEMBARKATION CARD FOR FOREIGNER 외국인 입국기록

【ARRIVAL】

英語又は日本語で記載して下さい. Enter information in either English or Japanese. 영어 또는 일본어로 기재해 주십시오.

氏 名 Name 이름	Family Name 영문 성 ①		Given Names 영문 이름 ②	
生年月日 Date of Birth 생년월일 ③	Day 日일 Month 月월 Year 年년	現住所 Home Address 현주소	国名 Country name 나라명 ④	都市名 City name 도시명 ⑤
渡航目的 Purpose of visit 도항 목적	☐ 観光 Tourism 관광 ☐ 商用 Business 상용 ☐ 親族訪問 Visiting relatives 친족 방문 ☐ その他 Others 기타 ⑥ (		航空機便名・船名 Last flight No./Vessel 도착 항공기 편명・선명 ⑦	
			日本滞在予定期間 Intended length of stay in Japan 일본 체재 예정 기간 ⑧	
日本の連絡先 Intended address in Japan 일본의 연락처 ⑨			TEL 전화번호 ⑩	

裏面の質問事項について、該当するものに✓を記入して下さい。 Check the boxes for the applicable answers to the questions on the back side. 뒷면의 질문사항 중 해당되는 것에 ✓표시를 기입해 주십시오.

⑪

		はい Yes 예	いいえ No 아니오
1.	日本での退去強制歴・上陸拒否歴の有無 Any history of receiving a deportation order or refusal of entry into Japan 일본에서의 강제퇴거 이력・상륙거부 이력 유무	☐	☐
2.	有罪判決の有無（日本での判決に限らない） Any history of being convicted of a crime (not only in Japan) 유죄판결의 유무 (일본 내외의 모든 판결)	☐	☐
3.	規制薬物・銃砲・刀剣類・火薬類の所持 Possession of controlled substances, guns, bladed weapons, or gunpowder 규제약물・총포・도검류・화약류의 소지	☐	☐

以上の記載内容は事実と相違ありません。 I hereby declare that the statement given above is true and accurate. 이상의 기재 내용은 사실과 틀림 없습니다.

署名 Signature 서명 ⑫

① **성** > 영어로 써요.

② **이름** > 영어로 써요.

③ **생년월일** > 일-월-년 순서로 써요. 1999년 4월 20일이라면 '20041999'로 써요.

④ **나라** > South Korea

⑤ **도시명** > 한국 내 거주하는 시 또는 도를 영어로 적어요.

⑥ **도항 목적** > 입국 목적에 체크해요. 여행이라면 관광(Tourism)에 체크!

⑦ **항공기 편명·선명** > 보딩 패스에서 확인하세요.

⑧ **일본 체재 예정 기간** > ~days로 일본에서 얼마나 머무르는지 적어요. 3일 이라면 3 days라고 쓰면 됩니다.

⑨ **일본의 연락처** > 일본에서 묵을 호텔 이름을 영어로 적어요.

⑩ **전화번호** > 호텔 전화번호를 미리 확인해뒀다 적으면 돼요.

⑪ **질문사항** > 해당 내용에 체크 표시해요.

⑫ **서명** > 서명을 합니다.

1

어른 1명 주세요. 　＞　 <ruby>大人<rt></rt></ruby> **오토나** + <ruby>一人<rt></rt></ruby> **히토리** + <ruby>ください。<rt></rt></ruby> **구다사이。**

어른　　　한 명　　　~주세요

- 2명 주세요.　　　＞　 <ruby>二人<rt></rt></ruby> **후타리 구다사이。** <ruby>ください。<rt></rt></ruby>

- 편도 주세요.　　　＞　 <ruby>片道<rt></rt></ruby> **카타미치 구다사이。** <ruby>ください。<rt></rt></ruby>

- 왕복표 주세요.　　　＞　 <ruby>往復<rt></rt></ruby> **오-후쿠 구다사이。** <ruby>ください。<rt></rt></ruby>

공항에서 시내까지 리무진 버스나 기차를 이용할 텐데요. 기차나 버스표를 끊을 때 몇 명인지, 편도인지, 왕복인지 얘기해야겠죠? 이때 마법의 [~구다사이]를 쓰는데, 앞에 1명이나 2명, 편도나 왕복 등의 단어만 붙이면 끝! '~까지 가는 표 한 장 주세요'는 원하는 역 이름을 넣어 [~이키 히토리 오네가이시마스]行き一枚 お願いします。라고 하면 돼요. '히토리', '후타리'처럼 서수를 따로 외우려니 헷갈린다면 숫자 뒤에 名(메이)를 붙여서 '이치메이, 니메이, 산메이'처럼 통쳐서 말합시다.

일본어로 수 세기

일	**이치**	一	한 개	**히토츠**	一つ	
이	**니**	二	두 개	**후타츠**	二つ	
삼	**산**	三	세 개	**밋쯔**	三つ	
사	**시 / 욘**	四	네 개	**욧쯔**	四つ	
오	**고**	五	다섯 개	**이쯔쯔**	五つ	
육	**로쿠**	六	여섯 개	**못쯔**	六つ	
칠	**시치 / 나나**	七	일곱 개	**나나쯔**	七つ	
팔	**하치**	八	여덟 개	**야쯔**	八つ	
구	**큐-**	九	아홉 개	**코코노쯔**	九つ	
십	**쥬-**	十	열 개	**토-**	十	

- 반, 30분   **한** 半
- ~시   **지** 時
- 오전   **고제** 午前
- 오후   **고고** 午後

1시	**이치지**	1時
2시	**니지**	2時
3시	**산지**	3時
4시	**요지**	4時
5시	**고지**	5時
6시	**로쿠지**	6時
7시	**시치지**	7時
8시	**하치지**	8時
9시	**쿠지**	9時
10시	**쥬-지**	10時
11시	**쥬-이치지**	11時
12시	**쥬-니지**	12時
13시	**쥬-산지**	13時
14시	**쥬-요지**	14時
15시	**쥬-고지**	15時
16시	**쥬-로쿠지**	16時
17시	**쥬-시치지**	17時
18시	**쥬-하치지**	18時
19시	**쥬-큐-지**	19時
20시	**니쥬-지**	20時
21시	**니쥬-이치지**	21時
22시	**니쥬-니지**	22時
23시	**니쥬-산지**	23時
24시	**니쥬-요지**	24時

②

제일 빠른 건요?	>	一番 うい のは…? **이치방 + 하야이 + 노와…?** 제일　　　빠른　　　~한 건

- 제일 맛있는 건요? > 一番　美味しい　のは…?
이치방 오이시- 노와…?

- 제일 싼 건요? > 一番　安い　のは…?
이치방 야스이 노와…?

- 제일 인기 있는 건요? > 一番　人気な　のは…?
이치방 닌키나 노와…?

버스나 기차를 이용할 때 제일 빠른 편이 몇 시인지 물어봐야겠죠? '제일'이라는 뜻의 [이치방]에 '~한 건…'이라는 뜻의 [~노와…]를 붙이면 쉬우면서도 매우 유용한 표현이 된답니다. 이때 말끝을 점차 흐리면서 말하는 게 포인트! 너무 당당하게 말하면 상대방이 건방지게 느낄 수도 있어요. 제일 빠른 게 몇 시인지 물어보고 싶다면, 방금 배운 [이치방 하야이 노와] 뒤에 [난지데스까]만 붙이면 됩니다.

③

여기에 가고 싶은데요…	>	ここに 行きたいんですけど… **코코니 + 이키따인데스케도…** 여기에　　　　~가고 싶은데요…

- 이 가게에 가고 싶은데요…
(책자를 가리키며) > この店に　　　　行きたいんですけど…
코노미세니 이키따인데스케도…

- 신주쿠에 가고 싶은데요… > 新宿に　　　　行きたいんですけど…
신주쿠니 이키따인데스케도…

- 도톤보리에 가고 싶은데요… > 道頓堀に　　　　行きたいんですけど…
도-톤보리니 이키따인데스케도…

목적지까지 가야 하는데 길을 잘 못 찾겠다 싶으면, 이 문장을 사용해보세요. 한국어로는 "어떻게 가나요?"라고 완전한 문장으로 물어보지만, 일본어로는 말끝을 흐려 곤란한 상황임을 표현하는 경우가 훨씬 많습니다. 뒤에 붙인 '…'의 느낌을 눈썹으로 충분히 살려주세요.

4

시부야행인가요?   >   **시부야** + **이키데스까?**

渋谷   行きですか?

시부야   ~행입니까?

- 난바행인가요?   >   難波 行ですか?
난바 이키데스까?

- 하카타행 인가요?   >   博多 行ですか?
하카타 이키데스까?

일본 전철은 우리나라의 지하철보다 훨씬 더 복잡합니다. 각종 민영 전철들이 많아서 노선도만으로 목적지를 찾는 게 쉬운 일이 아니에요. 처음 일본 전철을 탈 때 노선도나 어플만 참고해서 간다는 건 포기하는 게 나을지도 몰라요. 제일 좋은 방법은 타기 전에 전철 행선지를 물어보는 겁니다. 이때 가고 싶은 역 이름 뒤에 [이키데스까]를 붙이면 됩니다.

5

엘리베이터는 어디 있어요?   >   **에레베-타-와** + **도꼬데스까?**

エレベーターは   どこですか?

엘리베이터는   어디 있어요?

- 에스컬레이터는 어디 있어요?   >   エスカレーターは どこですか?
에스카레-타-와 도꼬데스까?

- 개찰구는 어디 있어요?   >   改札口は どこですか?
카이사츠구치와 도꼬데스까?

- 화장실은 어디 있어요?   >   トイレは どこですか?
토이레와 도꼬데스까?

일본 전철은 시설이 노후돼서 엘리베이터나 에스컬레이터같은 보행 편의시설이 없거나 숨어있습니다. 일본 정부에서는 2020년 도쿄 올림픽까지 휠체어 통행에 문제없는 '배리어프리Barrierfree화'한다고 하는데, 아직까진 유모차는 물론 무거운 캐리어를 끌고 다니기가 벅찹니다. 전철 역사 자체도 크고 복잡하니, 꼭 엘리베이터와 에스컬레이터 위치를 확인하세요.

6

신주쿠행은 어디서 타나요? >

- 난바행은 어디서 타나요? >

- 하카타행은 어디서 타나요? >

일본에서 전철을 탈 때 주의해야 할 또 하나! 플랫폼 번호를 꼭 확인하세요. 다른 플랫폼에서 반대 방향 열차를 탈 가능성이 매우 높습니다. 신주쿠역만 해도 플랫폼이 16개구요,

7

시부야역으로 가주세요. >

- 시부야역 신미나미 출구로 가주세요. >

- 도톤보리 입구까지 가주세요. >

택시에서 기사님께 목적지를 얘기할 때도 마법의 표현 [오네가이시마스]가 쓰입니다. 일본은 택시요금이 정말 비싸요.

新宿行きは
신주쿠이끼와 + どこで **도꼬데** + 乗りますか? **노리마스까?**
신주크 행은　　　　　　어디서　　　　　타요?

難波行は　　　　　　どこで　　　乗りますか?
난바이끼와 도꼬데 노리마스까?

博多行きは　　　　　　どこで　　　乗りますか?
하카타이끼와 도꼬데 노리마스까?

노선이 다른 열차들인데도 같은 플랫폼을 사용하는 경우도 있거든요. 그래도 다행히 대부분 플랫폼에는 번호가 붙어있으니, 타야 할 지하철이 몇 번 플랫폼인지만 확인하면 됩니다. 물론 버스에서도 사용 가능한 표현이에요.

渋谷駅
시부야에키 + まで **마데** + お願いします。 **오네가이시마스。**
시부야역　　　　　　~까지　　　　~부탁합니다

渋谷駅 新南口まで　　　　　　　　お願いします。
시부야에키 신미나미구치마데 오네가이시마스。

道頓堀 入口まで　　　　　　　　お願いします。
도-톤보리 이리구치마데 오네가이시마스。

눈깜짝할 사이에 2~3만 원을 훌쩍 넘어버리거든요. 3~4명이서 가까운 곳을 가는 게 아니라면, 웬만하면 걷거나 대중교통 이용하는 걸 추천해요.

8

신주쿠까지는 얼마나 걸려요? >

• 거기까지는 얼마나 걸려요? >

• 엘리베이터까지는 얼마나 걸려요? >

• 정상까지는 얼마나 걸려요? >

시간이 얼마나 걸리는지, 요금이 얼마인지 물어볼 때 모두 사용할 수 있어서, 상대가 시간 말고 금액을 얘기해줄 때가 있어요.

9

하치공 출구에 가려고 하는데요… >

• 동쪽 출구에 가려고 하는데요… >

• 서쪽 출구에 가려고 하는데요… >

• 남쪽 출구에 가려고 하는데요… >

• 북쪽 출구에 가려고 하는데요… >

일본 전철의 충격적인 사실! 출구 번호가 없습니다. 두둥! 우리나라처럼 "1번 출구에서 만나~."라는 말이 통하지 않죠. 그럼 어떻게 출구를 구분하냐구요?

新宿　　　までは　　　　どれくらい かかりますか?
신주쿠 + 마데와 + 도레쿠라이 카카리마스까?
신주쿠　　　　　　~까지는　　　　　얼마나 걸려요?

そこまでは　　　　どれくらいかかりますか?
소코 마데와 도레쿠라이 카카리마스까?

エレベーターまでは　　　　　　どれくらいかかりますか?
에레베-타- 마데와 도레쿠라이 카카리마스까?

てっぺん　まで　　　どれくらい かかりますか?
텟펜 마데와 도레쿠라이 카카리마스까?

그럴 땐 '…'의 뉘앙스를 살려 [아, 지칸(시간)…]이라고 한 번 더 얘기해주세요. 반대의 경우엔 [아, 킨가쿠(금액)…]라고 하면 됩니다.

ハチ公 出口　　　に　　　行きたいんですけど...
하치코- 데구치 + 니 + 이키따인데스케도…
하치공 출구　　　　　~에　　가려고 하는데요…

東口に　　　　行きたいんですけど...
히가시구치니 이키따인데스케도…

西口に　　　行きたいんですけど...
니시구치니 이키따인데스케도…

南口に　　　　行きたいんですけど...
미나미구치니 이키따인데스케도…

北口に　　　行きたいですけど...
키타구치니 이키따인데스케도…

큰 출구는 '동서남북'으로 출구 이름이 붙고, '하치공 출구'처럼 고유명사가 붙은 출구 이름도 있어요. 이런 난감한 상황에선 "~가려면 몇 번 출구로 나가야 해요?" 말고, 그냥 "어디 가고 싶은데요…"라고 말끝을 흐리며 물어보세요.

일본의 전철은 복잡합니다! 노선 자체도 복잡하고, 급행열차는 몇몇 역을 건너 뛰기도 하고, 어플에서는 환승이라고 했는데 알고보니 개찰구를 찍고 밖으로 나가서 5분 이상 걸어서 환승을 해야 하고, 같은 이름의 다른 역으로 가서 다시 개찰구를 찍고 들어가는 걸 환승이라고 할 때도 있고 말이죠. 도쿄에 가기 전, 전철 노선도를 확인해보셨나요? 왜 일본의 전철은 이렇게 복잡할까요?

바로 민영 전철私鐵 때문입니다. 철도 개발이 한창이던 때, 사기업들이 자기네 철도 인프라를 만들었습니다. 그런데 "역세권"이라는 게 돈을 낳는 것 아니겠어요? 그래서 철도회사가 역 주변 상점도 운영하고, 기차에서 내려서 갈아탈 버스도 운영하고, 택시회사도 만들고, 심지어 도로도 회사에서 직접 깔기도 했다고 합니다. 일본의 도큐백화점東急百貨店, 한큐백화점阪急百貨店, 오다큐백화점小田急百貨店 등이 바로 교통 재벌에서 만든 유통업체랍니다. 사기업에서 만든 인프라는 사유지라서 라이벌 회사끼리는 자기네 철도나 도로를 이용하지 못하도록 막기도 했다고 해요. 그래서 아직도 민영 전철끼리 환승 안 되는 곳이 많은 거랍니다.

아예 철도 재벌이 관광지 개발까지 하는데요. 지역과 지역을 잇는 노선은 JR이지만, 특정 지역의 관광 열차는 민영 전철인 경우가 많습니다. 대표적인 지역 관광열차가 효고현兵庫県 다카라즈카시宝塚市입니다. 온천이 흐르는 시골 마을 다카라즈카시까지 철도를 개통해 관광지로 개발하고 여성으로만 구성된 가극단을 설립했다고 합니다. 그래서 다카라즈카 극단원들은 철도회사 사원이기도 하죠.

챕터 4
거리

복잡해서 길 찾기가 힘들기로 유명한 일본 도심! 게다가 초행길이라면 더욱 헷갈리겠죠? 부끄러워하지 말고 용기내서 물어봅시다. 다음 표현들이 위기를 극복하는데 도움이 될 거예요.

회사원A
미니영상

10

편의점은 어디예요? > コンビニ って どこですか?
콤비닛 + 떼 + 도꼬데스까?
편의점 ~은 어디예요?

- 시부야109는 어디예요? > 渋谷１０９って どこですか?
시부야 이치마루큐웃떼 도꼬데스까?

- 신주쿠역은 어디예요? > 新宿駅って どこですか?
신주쿠에킷떼 도꼬데스까?

'~는 어디로 가나요?', '~는 어디인가요?'라고 물어볼 때 조사 '~은/는'에 해당하는 일본어는 'は(와)'인데요. '어디 있는지'를 물을 때는 '~って(웃떼)'도 자주 사용해요. 문법적으로는 '~は'가 더 맞지만 '~って'를 붙이면 '뭐가 뭔지 아무것도 모르겠습니다요~'라는 뉘앙스가 있어요.

길을 물으면 이런 단어 들릴지도 몰라

- 오른쪽 > 미기 みぎ
- 왼쪽 > 히다리 ひだり
- 돌아서 > 마갓떼 曲がって
- 직진 > 맛스구 まっすぐ
- 미터(m) > 메토루 メトル

- 미기니 마갓떼 右に 曲がって > 오른쪽으로 돌아서
- 햐쿠메토루 구라이 사키데스。100メトル くらい 先です。 > 100미터쯤 전방이에요.

11

가까운 전철역이 어디예요? > **치카이** + **에키와** + **도꼬데스까?**
近い　　　駅は　　　どこですか?
가까운　　　역은　　　어디예요?

- 가까운 버스 정류장이 어디예요?
> **치카이 바스테이와 도꼬데스까?**
近い バス停は　　　どこですか?

- 가까운 편의점이 어디예요?
> **치카이 콤비니와 도꼬데스까?**
近い コンビニは　　　どこですか?

- 가까운 스타벅스가 어디예요?
> **치카이 스타바와 도꼬데스까?**
近い スタバは　　　どこですか?

길을 물을 땐 [~와 도꼬데스까?]가 만능 표현이죠. '여기서 가까운 ~는 어디인가요?'라고 물어볼 때는, 여기에 [치카이]를 붙이면 됩니다.

길에서 말 거는 사람에게 대꾸하지 말자

일본 길거리에는 그냥 서성이는 사람들이 꽤 많습니다. 특히 여성끼리 간 여행이라면, 반드시 웬 낯선 남성이 와서 말을 걸 겁니다. 수상한 가게 호객꾼이라서 따라가면 술값을 바가지 쓸 수도 있어요. 자고로 낯선 사람은 따라가는 게 아닌 법! 길에서 말 거는 사람한테 대꾸하지 맙시다.

근처에 편의점 있나요? > **치카쿠니** + **콤비니** + **아리마스까?**
近くに コンビニ ありますか?
근처에 편의점 ~있나요?

- 근처에 ATM 있나요? > 近くに ATM ありますか?
치카쿠니 에-티-에무 아리마스까?

- 근처에 대형마트 있나요? > 近くに スーパー ありますか?
치카쿠니 스-파- 아리마스까?

- 근처에 약국 있나요? > 近くに ドラッグストア ありますか?
치카쿠니 도락꾸스토아 아리마스까?

일본에선 신용카드를 받지 않는 음식점이 꽤 많아서 갑자기 현금이 없어 곤란할 때가 종종 있어요. 그럴 땐 근처에 있는 ATM이나 편의점을 찾아 현금을 인출할 수 있답니다. 단, 수수료가 상당하므로 미리 현금으로 환전해 갑시다!

약국이 다 같은 약국이 아니다

'약국'에 해당하는 일본어 [약쿄쿠]는 처방전을 가지고 가서 약을 받는 우리의 약국과 달리, 처방전 없이 가볍게 의약품을 구입할 수 있는 '드럭스토어drugstore'의 개념이에요. 요즘 젊은 사람들 사이에선 [약쿄쿠]보다 [도락꾸스토아]로 통한답니다.
일본은 아직 병원에서 약까지 받을 수 있는 곳이 많아서 약국에서 처방약을 잘 팔지 않아요. 약만 파는 약국은 [쿠스리야]라고 부르는데, 동네 약국처럼 주택가 골목에 많고 도심이나 관광지에서는 쉽게 볼 수 없답니다.

제가 맨 처음 일본에 갔을 때 일본어를 좀 할 줄 아는 상태였어요. 그때 눈에 들어온 일본의 표지판과 안내문은 정말 재미있었답니다. 혼자 일본을 '공지 왕국'이라고 이름 붙였다니까요.

편의점 앞!

워워~. 하고 싶은 말이 많은 건 알겠어. 진정해.

술도 팔고 담배도 팔고 카드 결제도 되고 면세도 되고 ATM도 있고

와이파이도 되고 위험할 땐 도움을 받을 수 있는 세이프 스테이션이기도

하다는 걸 알겠어! 워워~.

호텔, 숙박

즐거운 여행의 거점인 호텔에 드디어 도착했습니다. 일본어 조금만 알아도 호텔에서 받을 수 있는 서비스를 알뜰히 누릴 수 있습니다. 자, 그럼 일본 여행에서 필요한 호텔 관련 표현 살펴볼까요?

회사원A
미니영상

13

체크인해주세요.　　　>　쳇꾸잉 + 오네가이시마스。
チェックイン　お願いします。
체크인　~부탁합니다

• 체크아웃해주세요.　　>　쳇꾸아우또 오네가이시마스。
チェックアウト　お願いします。

• 짐 보관해주세요.　　>　니모쯔 오네가이시마스。
荷物　お願いします。

요즘은 한국인 직원이 있는 호텔도 많고, 영어가 가능한 호텔이 대부분이죠. 하지만 이왕 공부하기로 결심한 거, 일본어로 체크인한다고 멋있게 얘기해봅시다!

14

공중목욕탕 있나요?　>　다이요쿠죠- + 아리마스까?
大浴場　ありますか?
공중목욕탕　~있나요?

• 수유실 있나요?　　>　쥬뉴-시쯔 아리마스까?
授乳室　ありますか?

• 어린이용 의자 있나요?　>　베비-체아 아리마스까?
ベビーチェア　ありますか?

일본 호텔에는 객실 내 욕실 말고도 공중목욕탕(대욕장)이 따로 있는 경우가 종종 있으니 호텔에 공중목욕탕이 있는지 물어봅시다. 그 외에도 필요한 것들은 '~있나요?'라는 의미의 [~아리마스까?]로 물어볼 수 있습니다.

15

조식 포함인가요? > 쵸-쇼쿠 + 코미데스까?

朝食 → 아침 식사

込みですか? → ~포함입니까?

• 세금 포함인가요? > 제이 코미데스까?

税 / 込みですか?

• 음료 포함인가요? > 도링쿠 코미데스까?

ドリンク / 込みですか?

가끔 예약한 호텔이 아침 식사(조식) 포함이었는지 헷갈릴 때가 있죠. 그럴 땐 아침 식사 포함인지 물어볼까요? '~포함'은 [~코미]라고 합니다. 소비세 별도 표기가 남아있는 일본에선 가격을 물어볼 때도 정말 많이 쓰는 표현입니다.

우리와 다른 일본의 가격표 보는 법

일본에서는 물건 가격을 표시할 때 우리나라의 부가세에 해당하는 '소비세'를 합쳐서 표시하는 곳도 있고 그렇지 않은 곳도 있어서 정말 헷갈립니다. 표기하는 방법도 여러 가지라서 더 헷갈려요. 왠지 돈 더 내는 것 같은 느낌! 물건 살 때 꼭꼭 확인하세요! 소비세 8%(2019년 10월 10%로 인상 예정), 은근 큽니다. 하지만 다행히도 관광객은 면세 혜택을 받을 수 있다는 거!(116페이지 면세 표현을 참고하세요.)

• 소비세 포함 가격: 税込 제이코미

• 소비세 별도 가격: 税抜 제이누키

＋税 (8% 더한 가격을 계산하라는 말)

本体 ~円

本体価格 ~円

16

조식은 몇 시까지인가요? > 朝食は 何時まででですか?
쵸-쇼쿠와 + 난지마데데스까?
아침식사는   몇 시까지입니까?

• 헬스장(짐)은 몇 시까지인가요? > ジムは 何時まででですか?
지무와 난지마데데스까?

• 수영장(풀)은 몇 시까지인가요? > プールは 何時まででですか?
푸-루와 난지마데데스까?

• 바는 몇 시까지인가요? > バーは 何時まででですか?
바-와 난지마데데스까?

저는 늦잠 자느라 조식을 못 먹을 때가 많아요. 그렇기에 늦잠꾸러기인 저에게는 조식이 몇 시까지인지가 중요하답니다. 그 외에도 호텔 시설을 이용할 수 있는 시간이 몇 시까지인지 물어볼 때 [~와 난지마데 데스까?] 앞에 호텔 시설 단어만 바꿔 사용해보세요.

17

체크아웃은 몇 시인가요? > チェックアウトは 何時ですか?
쳌꾸아우또와 + 난지데스까?
체크아웃은   몇 시입니까?

• 체크인은 몇 시인가요? > チェックインは 何時ですか?
쳌꾸잉와 난지데스까?

여행 전 호텔 체크아웃 시간을 미리 확인합시다. 일본은 체크아웃 시간에 엄격한 편이거든요. 10시, 11시, 12시, 1시 등 숙박업체마다 시간도 다르구요. 시간에 엄격하다는 건, 체크아웃 시간을 넘기면 얄짤없이 추가요금을 받는다는 말이니까요. 체크아웃 시간이 아리송하다면 꼭 물어봅시다.

트윈룸인가요? > **츠인루-무 + 데스까?**
ツインルーム   ですか?
트윈룸   ~입니까

- 더블베드인가요? > ダブルベッドですか?
  다부루벳도데스까?

- 여성 전용층인가요? > 女性専用階ですか?
  죠세이센요-까이데스까?

- 도쿄타워 뷰인가요? > 東京タワービューですか?
  토-쿄-타와-뷰-데스까?

체크인 때 객실이 예약한 대로인지 확인해봅시다! 일본은 비즈니스 호텔에도 여성 전용층이 있는 곳이 종종 있습니다. 해당 층엔 남자가 들어갈 수 없고, 룸 어메니티amenity를 세심히 꾸려 놓기도 해서 저는 웬만하면 여성 전용층을 선택한답니다.

늘 헷갈리는 호텔룸의 종류

- 트윈베드 > 1인용 침대가 2개 > 츠인벳도 ツインベッド
- 더블베드 > 2인용 넓은 침대가 1개 > 다부루벳도 ダブルベッド
- 트리플베드 > 1인용 침대가 3개 > 토리푸루벳도 トリプルベッド

금연룸으로 예약했는데요. >

- 흡연룸으로 예약했는데요. >

- 싱글룸으로 예약했는데요. >

- 트윈룸으로 예약했는데요. >

들뜬 마음으로 호텔 방에 딱 들어갔는데! 아스라히 담배 쩐내가 났던 때가 있었어요. 흡연룸에 배정받았던 거였죠.

칫솔 하나 더 가져다주세요. >

- 바디워시 하나 더 가져다주세요. >

- 바디로션 하나 더 가져다주세요. >

- 맥주 한 잔 더 주세요. >

객실 내 비품이 부족할 때 [~오네가이시마스]를 써서 더 가져다 달라고 부탁할 수 있는데요, 이때 몇 개가 필요한지는 어떻게 표현할까요? 일본어에는 한국어만큼이나 한 병, 한 송이, 한 마리, 한 장 등 물건을 셀 때 쓰는 의존명사가 많습니다.

호텔 물품 리스트

- 포크 > 훠-크 フォーク
- 스푼 > 스푸-운 スプーン
- 베개 > 마쿠라 枕
- 면도기 > 카미소리 剃刀
- 샤워 캡 > 샤와-캅뿌 シャワーキャップ
- 비누 > 셋켄 石鹸
- 샴푸 > 샴푸- シャンプー
- 린스, 트리트먼트 > 토리-토멘토 トリートメント

禁煙ルームで　　　　予約　　　したんですが。
킹엔루-무데 + 요야쿠 + 시탄데스가。
금연룸으로　　　　예약　　　~했는데요

喫煙ルームで　　　　　　予約したんですが。
키츠엔루-무데 요야쿠시탄데스가。

シングルルームで　　　　　　予約したんですが。
싱그루루-무데 요야쿠시탄데스가。

ツインルームで　　　　　予約したんですが。
츠잉루-무데 요야쿠시탄데스가。

숙박 예약할 때 꼭 흡연룸, 금연룸을 확인해야 해요. 그리고 내가 예약한 것과 다를 땐 '~했는데요'라는 뜻의 [~시탄데스가]를 써서 얘기를 시작해봅시다.

歯ブラシを　　　　もう1個　　　お願いします。
하브라시워 + 모-잇코 + 오네가이시마스。
칫솔을　　　　　하나 더　　　~부탁합니다

ボディーソープを　　もう1個　　　お願いします。
보디-소-푸워 모-잇코 오네가이시마스。

ボディーローションを　　もう1個　　お願いします。
보디-로-숀워 모-잇코 오네가이시마스。

ビールを　　　もう1個　　　お願いします。
비-루워 모-잇코 오네가이시마스。

'한 잔, 한 장'처럼 구분해서 말하기 어렵죠? 다행히도 일본의 젊은 층에서는 그냥 [-코]個(개)로 퉁치는 경우가 많아요. "맥주 한 잔 더 주세요."를 "맥주 한 개 더 주세요."라고 말하는 셈이죠. 문법에는 맞지 않지만 [-코]로 다 통한다는 것!
✚ を는 '~을/를'이라는 의미인데요, [오] 보다는 [워]에 가깝게 발음해야 더 쉽게 이해한다고 해요.

21

티백 가져가도 되나요?   >

- 이거 가져가도 되나요?   >

- 슬리퍼 가져가도 되나요?   >

- 봉투 가져가도 되나요?   >

객실 비품 중에는 타월이나 샤워 가운처럼 가져가선 안 되는 물건도 있지만, 일회용품처럼 가져가도 되는 물건들도 있죠.

22

난방 틀어주세요.   >

- 에어컨 틀어주세요.   >

일본은 온풍이 나오는 에어컨으로 난방을 대신하는 경우가 많습니다. 하나의 냉난방기로 여름엔 냉풍으로, 겨울엔 온풍으로 트는 식인 거죠. 그래서 우리가 흔히 쓰는 '보일러'라는 표현이 잘 통하질 않아요. 일본 주거문화에선 바닥 난방이란 개념이 희박하거든요. 그래서 온풍기나 전기 스토브로 난방을 틀어달라고 합니다. 반대로 에어컨을 틀어달라고 할 때도 '시원하게 해달라(쿨러)'고 해야 더 잘 통한답니다.

ティーバッグを　　持ち帰って　　いいですか?
티-박구워 + 모치카엣떼 + 이이데스까?
티백을　　　　　　가져가도　　　　　좋은가요?

これ　　持ち帰って いいですか?
코레 모치카엣떼 이이데스까?

スリッパを　　持ち帰って いいですか?
스립빠워 모치카엣떼 이이데스까?

袋を　　　　　持ち帰って いいですか?
후쿠로워 모치카엣떼 이이데스까?

써보니 너무 좋은데 가져가도 되는지 애매할 땐 '가져가기'라는 뜻의 [모치카에리]持ち帰り를 동사형으로 사용해서 물어보면 됩니다.

暖房を　　お願いします。
단보-워 + 오네가이시마스。
난방을　　~부탁합니다

クーラーを　　　お願いします。
쿠-라-워 오네가이시마스。

함께 알면 좋은 표현

- 추워요.　>　사무이데스。寒いです。
- 더워요.　>　아쯔이데스。暑いです。
- 냄새가 나요.　쿠사이데스。臭いです。
- 시끄러워요.　>　우루사이데스。煩いです。

리모컨 버튼 읽기

너무너무 더워서 에어컨을 켜려는데 리모컨에는 온통 일본어로 써있네요.이것저것 아무 버튼이나 막 누를 수도 없고 난감합니다. 그럴 때를 대비해 리모컨 버튼에 있는 일본어를 알아볼까요?

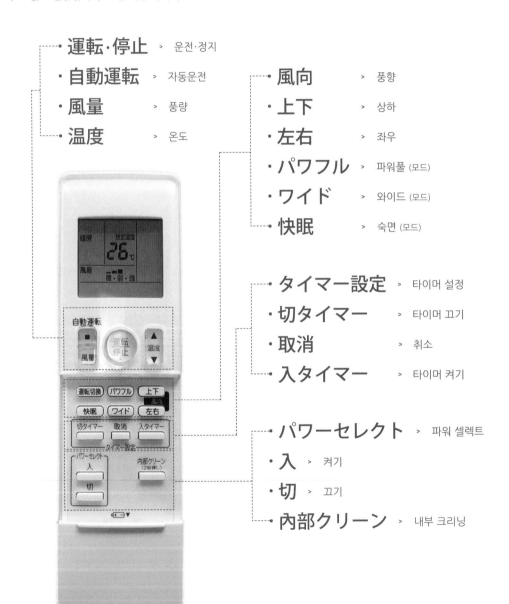

運転·停止 > 운전·정지

·自動運転 > 자동운전

·風量 > 풍량

·温度 > 온도

·風向 > 풍향

·上下 > 상하

·左右 > 좌우

·パワフル > 파워풀 (모드)

·ワイド > 와이드 (모드)

·快眠 > 숙면 (모드)

·タイマー設定 > 타이머 설정

·切タイマー > 타이머 끄기

·取消 > 취소

·入タイマー > 타이머 켜기

·パワーセレクト > 파워 셀렉트

·入 > 켜기

·切 > 끄기

·內部クリーン > 내부 크리닝

레스토랑

전 세계에서 미슐랭 레스 토랑이 제일 많은 도시 도 쿄! 먹다 죽는다는 오사 카! 일본 여행의 큰 즐거 움 중 하나가 바로 먹거리 죠. 간단한 일본어 표현 몇 개로 더 기분 좋게 즐겨봅 시다.

회사원A
미니영상

23

여기요~. > _{すみません。}
스미마셍。

마법의 일본어 [스미마셍]! 식당에서도 마법의 단어로 통합니다. "여기요.", "저기요.", "이모~.", "주문할 게요~." 직원을 부를 때 외쳐! 스미마셍!

24

2명입니다. >

- 1명입니다. > _{1人です。}
  히토리데스。

- 3명입니다. > _{3人です。}
  산닌데스。

- 4명입니다. > _{4人です。}
  요닌데스。

식당 입구에서 직원이 몇 명이냐고 묻는다면 이렇게 간단하게 대답할 수 있답니다. 물론 더 간단한 방법은 손가락을 펼치는 거겠죠?

25

금연석 부탁합니다. > 킹엔세키 + 오네가이시마스。
禁煙席 / お願いします。
금연석 / ~부탁합니다

• 흡연석 부탁합니다. > 키츠엔세키 오네가이시마스。
喫煙席 / お願いします。

일본에선 식당에서 담배를 피울 수 있습니다. 패밀리 레스토랑에서도 담배를 피울 수 있어요. 들어가면 직원이 금연석, 흡연석 여부를 묻긴 하지만, 완벽하게 분리된 게 아니라 흡연석과 금연석이 뻥 뚫린 공간에 함께 있는 경우가 많아요. 금연석, 흡연석 여부를 묻는 건 그냥 "재떨이가 필요하신가요?" 정도로 이해하면 돼요.

알아두면 좋은 표현

• (어떤 자리라도) 상관없습니다. > 카마이마셍。構いません。

• 담배 냄새 때문에 나갈게요. 죄송합니다. > 타바코노 니오이가 쫏토…. 스미마셍.
(직역) 담배 냄새가 좀…. 죄송해요. タバコの においが ちょっと…。すみません。

26

얼마나 기다리나요? > 도레쿠라이 + 마치마스까?
どれくらい / 待ちますか?
얼마나 / 기다리나요?

소문난 맛집은 기다리는 줄이 긴 법! 예약하지 않고 간 식당의 줄이 길다면 유용하게 활용해봅시다.

알아두면 좋은 표현

• 자리가 비어 있나요? > 세키가 아이떼마스까? 席が 空いていますか?

27

영어 메뉴 있나요? > 英語の メニュー ありますか?
에이고노 메뉴- + 아리마스까?
영어 메뉴 ~있나요?

• 한국어 메뉴 있나요? > 韓国語の メニュー ありますか?
캉코쿠고 메뉴- 아리마스까?

점원이 일본어 메뉴판을 가져다준다면? 저도 사실 읽기 어려운 게 일본어 메뉴판입니다. 영어 메뉴판이라면 좀 더 이해하기 수월 하겠죠? 영어 메뉴, 한국어 메뉴가 필요할 때도 마법의 일본어 [오네가이시마스]가 등장합니다! 뭐든 필요할 땐 외치세요! 오네가이시마스!

28

생맥주 2잔 주세요. > 生ビール 2個 お願いします。
나마비-루 + 니코 + 오네가이시마스。
생맥주 2개 ~부탁합니다

• 이거 1개 주세요. > これ 1個 お願いします。
코레 잇코 오네가이시마스。

• 저거 3잔 주세요. > あれ 3個 お願いします。
아레 산코 오네가이시마스。

〈챕터 4 호텔〉에서 마법의 [~오네가이시마스]와 [~코]를 배웠는데요, 음식점에서 주문할 때도 빠질 수 없어 다시 언급합니다. 음료를 한 병, 두 병 또는 한 잔, 두 잔으로 세지 않고 편하게 '~개'라는 뜻의 [~코]라고 해버린다는 것도 기억나죠? 일본어 초보에겐 감사한 일이죠.

추천 메뉴는요?　　　　>　오스스메 + 와…?
おすすめ　は…?
추천　　　　~은/는

• 오늘의 추천 (메뉴)는요?　　>　혼지츠노 오스스메와…?
本日の　　おすすめは…?

• 추천 점심코스 (메뉴)는요?　　>　오스스메노 란치와…?
おすすめの　　ランチは…?

메뉴를 봐도 도무지 뭐가 뭔지 모르겠다면 직원에게 추천을 받거나 오늘의 메뉴를 물어보세요. 이때 [오스스메]라는 표현을 사용하는데, 이 표현은 메뉴판 뿐만 아니라 상점 앞 입간판에서도 많이 볼 수 있어요.

• 그걸로 할게요.　　　　>　소레데 오네가이시마스。
それで　　お願いします。

추천을 받은 메뉴로 주문하고 싶다면 이렇게 대답하면 돼요.

알아서 주는 오마카세 코스

일본 식당에서는 "알아서 해주세요."라는 뜻의 [오마카세。]라는 게 있습니다. 우리나라에서도 몇몇 고급 일식집에 '오마카세 코스'가 있죠. 못 먹는 식재료 정도만 말하면 주방장이 알아서 다 ~ 해주는 코스를 '오마카세'라고 해요. 가볍게 [오마카세데。]라고 하면 "알아서 다 해주세요."라는 말이 된답니다. 오마카세 코스가 없는 식당에서 '오마카세'라고 하면, '선택이 필요한 메뉴에서 종업원 재량껏 알아서 주세요~'라는 뜻이 됩니다.

• 알아서 주세요.　　　　>　오마카세데 쿠다사이。
おまかせで ください。
　　　　　　　　>　오마카세데…。

30

고추냉이 빼고요.	>	わさび　　抜きで… **와사비** + **누키데**… 고추냉이　　　~빼고요

- 고추 빼고요. > 唐辛子　　抜きで…
토오가라시 누키데…

- 고수 빼고요. > パクチー　抜きで…
파쿠치- 누키데…

- 견과류 빼고요. > ナッツ　　抜きで…
낫츠 누키데…

좋아하지 않거나 알레르기 때문에 못 먹는 음식은 [~누키데]라는 표현으로 빼달라고 미리 얘기합시다. 말 끝은 '…'의 느낌을 살려 부탁의 의미를 살려서 얘기해야 해요.

31

고기 많이요.	>	肉　　　　多めで… **니꾸** + **오오메데**… 고기　　　~많이요

- 숙주나물 많이요. > もやし　　多めで…
모야시 오오메데…

- 밥 많이요. > ごはん　　多めで…
고항 오오메데…

- 면 많이요. > 麺　　　多めで…
멘 오오메데…

- 국물 많이요. > スープ　　多めで…
스-쁘 오오메데…

고기와 탄수화물은 많을수록 좋지 않나요? 여행지에서 든든하게 먹고 힘내야죠. 아예 곱빼기(오오모리)까진 아니더라도 재량껏 많이 달라고 부탁할 때는 "많이요."라는 뜻의 [오오메데…]라고 말하면 통합니다.

맵게요.　　　　　>　　**카라쿠치** ^{ク □} + **데**… ^で
　　　　　　　　　　　매운 맛　　　　　~으로요

- 짜게요. (간 세계요.)　　>　　**아지 코이메데**… ^{味 濃めで}

- 최고 맵게요.　　　　>　　**게키카라데**… ^{激辛で}

- 싱겁게요.　　　　　>　　**아지 우스메데**… ^{味 薄めで}

매콤한 걸 좋아한다면 일본의 매운맛이 성에 차지 않을 거예요. 그럴 땐 '신라면'의 '신 辛' [카라쿠치]를 써서 [카라쿠치데。]라고 더 맵게 해달라고 요청합시다. 단, 일본어에서 [카라쿠치] 辛는 짠맛이나 쌉쌀한 맛을 나타낼 때도 사용해요. 상황에 따라 의미가 달라지는 거죠. 카레나 매운 음식에서 [카라쿠치]는 '맵다'는 의미지만, 맥주에서 [카라쿠치]는 '쌉쌀하다'는 의미로 통합니다. 그 외 아래 표현들도 함께 사용해보세요.

알아두면 좋은 표현

- 중간 정도 맵게요.　>　츄-카라데… 中辛で…
- 달게요. 안 맵게요.　>　아마쿠치데… 甘口で…

33

물티슈 주세요. > 오시보리 + 오네가이시마스。
おしぼり　　お願いします。
　　　　　　　　　　물수건　　　　　~부탁합니다

• 앞접시 주세요. > 토리자라 오네가이시마스。
取り皿　　お願いします。

• 젓가락 주세요. > 하시 오네가이시마스。
箸　　お願いします。

• 숟가락 주세요. > 스푸운 오네가이시마스。
スプーン　　お願いします。

식당에서 무료로 물수건을 주는 문화는 한국이랑 일본에만 있는 것 같아요. 이번에도 등장하는 마법의 일본어 [오네가이시마스]로 부탁해봅시다.

34

화장실 어디예요? > 토이레 + 도꼬데스까?
トイレ　　どこですか?
　　　　　　　　　화장실　　　어디인가요?

• 화장실(손 씻는 곳) 어디예요? > 오테아라이 도꼬데스까?
お手洗い　　どこですか?

일본어에는 화장실을 지칭하는 단어가 많아요. 가장 간단하고 기본적인 표현은 영어 toilet(토일렛)에서 온 [토이레]인데요, 완곡한 표현으로 손 씻는 곳이라고 돌려서 표현하는 [오테아라이]도 많이 사용한답니다.

화장실을 표현하는 다양한 일본어

• トイレ 토이레 > 화장실
• お手洗い 오테아라이 > 화장실(손 씻는 곳)
• 化粧室 케쇼-시츠 > 화장실
• 便所 벤죠 > 변소
• 女子トイレ 죠시 토이레 > 여자 화장실
• 男子トイレ 단시 토이레 > 남자 화장실

35

계산해주세요. > お会計 **오카이케이** + お願いします。 **오네가이시마스。**
계산 ~부탁합니다

• 같이 계산해주세요. > 一緒に お会計 お願いします。 **잇쇼니 오카이케이 오네가이시마스。**

• 더치페이로 해주세요. > 割り勘で お願いします。 **와리캉데 오네가이시마스。**

계산이 필요할 때도 마법의 일본어 [오네가이시마스]를 붙여서 [오카이케- 오네가이시마스。]라고 하면 되는데요, 계산을 [오칸죠]お勘定라고도 합니다.

36

신용카드 쓸 수 있나요? > クレジット カード 使えますか? **크레짓또 카-도 츠카에마스까?**
신용카드 이용 가능한가요?

• 현금만 받나요? > 現金のみですか? **겐킨노미데스까?**

일본은 음식점이나 택시에서 카드 사용이 안 될 때가 종종 있습니다. 체인 음식점에서도 카드가 안 되는 경우가 많아요. 카드가 되는지, 현금만 받는지 물어볼 땐 우리말 '~되나요?'의 [~데키마스까?]보다는 [겐킨노미데스까?]로 물어보는 게 훨씬 자연스럽답니다.

일본 가면 꼭 먹어봐야 할 음식

✚ 크레미아 아이스크림

카페나 상점가에서 샵인샵 개념으로 판매하는 소프트아이스크림이에요. 처음 먹었을 때 깊고 풍부한 우유향이 충격적이었어요. 콘 부분은 쿠크다스 과자처럼 부드럽고 맛있어요. 아이스크림치고는 꽤 비싼 500엔 정도지만, 꼭 한 번은 먹어볼 가치가 있습니다!

✚ 키무카츠 돈까스

가게 이름은 돈까스 집이지만, 사실 이 집은 밥이 정말 맛있어요. 밥 덕분에 돈까스도 맛있어지는 느낌! 계약한 농가에서 생산한 특정한 품종의 벼로 밥을 짓는다고 하는데요, 쌀알이 일반 쌀보다 훨씬 크고 윤기도 차르르 흐르고, 적당한 탄력의 식감까지~. 정말 끝내줍니다. 돈까스는 얇은 고기가 수십 겹으로 겹쳐져 있어서 정말 촉촉하고 사르르 녹아버린답니다.

회사원이 뽑은 편의점 핫픽

제가 일본 편의점에서 꼭 사오는 제품은, 좀 뜬금없지만 구취제거용 브레스 케어Breath Care입니다. 연질 캡슐 알약처럼 생겨서, 입안에서 꽉 깨물어 터뜨리면 민트향 오일이 나오는데요, 얘는 입안에서 씹어 먹기보단 알약처럼 물과 함께 꿀떡 삼켜요. 그러면 뱃속에서 캡슐이 터져서 속에서 올라오는 먹었던 마늘냄새, 고기냄새를 싹 잡아주는 거죠. 내 트림을 민트향으로 만들어주는 아이입니다. 기본은 민트향이지만, 강력한 민트향도 있고, 시즌에 따라서 한정으로 특정 맛이 나오기도 해요.

이건 씹는 타입의 브레스 케어인데요, 사실 씹는 브레스케어를 훨씬 더 많이 먹는 것 같아요. 제가 알고 있는 세상에서 제일 싸~하고 매운 젤리입니다. 입냄새 제거용으로도 좋지만, 씹어먹으면 잠이 확 깨서 차 안에 두고 졸음이 솔솔 올 때마다 꺼내먹어요.

챕터 7

카페

일본에선 생각보다 카페
찾기가 한국에서보다 어
려워서 놀랄 수도 있어요.
요즘 일본에선 드립커피
붐이 일어서 정말 맛있는
핸드드립 커피를 맛볼 수
있는 카페가 많아요. 저는
우유와 시럽을 팍팍 넣은
커피만 마시지만, 관심 있
는 분들은 카페 탐방여행
을 계획해봐도 재밌을 것
같아요.

회사원A
미니영상

37

따뜻한 커피 1잔 주세요. > ホット コーヒー、 1個 お願いします。
홋또 코-히-, 잇코 + 오네가이시마스。
따뜻한 커피 하나 ~부탁합니다

- 아이스 커피 2잔 주세요. > アイス コーヒー、 2個 お願いします。
아이스 코-히-, 니코 오네가이시마스。

'아아(아이스 아메리카노)', '뜨아(뜨거운 아메리카노)'라는 줄임말 들어봤나요? 우리나라에선 아메리카노가 기본 블랙 커피로 통하지만, 일본에선 '아메리카노' 보다는 '[코-히-]コーヒー(커피)'란 말로 블랙 커피를 대신하는 경우가 더 많은 거 같아요.

- 아이스 커피, 톨 사이즈 2잔 주세요. > アイス コーヒー、トール サイズ 2個 お願いします。
아이스 코-히-, 토-루 사이즈, 니코 오네가이시마스。

38

얼음 조금만요. > 氷 少な目で…
코오리 + 스쿠나메데…
얼음 조금요

- 시럽 조금만요. > シロップ 少な目で…
시롭뿌 스쿠나메데…

- 크림 조금만요. > クリーム 少な目で…
쿠리-무 스쿠나메데…

- 에스프레소 조금만요. (연하게요.) > エスプレッソ 少な目で…
에스푸렛소 스쿠나메데…

스타벅스에서 커스텀 주문할 때, 뭐든 조금 넣어달라고 말하고 싶다면 '조금만'이라는 뜻의 [스쿠나메]를 쓰면 됩니다. 여기서도 자연스럽게 '…' 느낌 살려주세요.

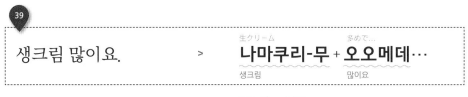

생크림 많이요. > **나마쿠리-무** 生クリーム + **오오메데…** 多めで…
생크림 많이요

- 시럽 많이요. > **시롭뿌 오오메데…** シロップ 多めで…

- 녹차가루 많이요. > **맛챠 오오메데…** 抹茶 多めで…

- 우유 많이요. > **규-뉴 오오메데…** 牛乳 多めで…

여행 중엔 당이 꽉꽉 들어간 음료 마시고 에너지 보충해야 하잖아요? 그럴 땐 "많이요."라는 뜻의 [오오메데…]를 써보세요.

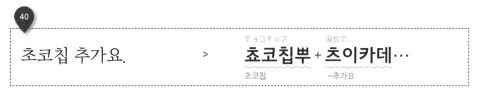

초코칩 추가요. > **쵸코칩뿌** チョコチップ + **츠이카데…** 追加で…
초코칩 ~추가요

- 크림 추가요. > **쿠리-무 츠이카데…** クリーム 追加で…

- 고기 추가요. > **니꾸 츠이카데…** 肉 追加で…

좋아하는 건 추가 요금이 들더라도 넣어 먹어야 한다고 생각한다면 [츠이카]라는 표현을 기억해두세요.

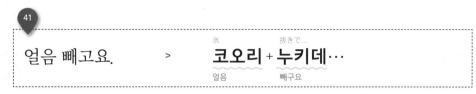

41

얼음 빼고요.　　　　>　コオリ + 누키데…

氷 얼음　　*抜きで...* 빼구요

- 시럽 빼고요.　　　　>　시롭뿌 누키데…
  シロップ　*抜きで...*

- 생크림 빼고요.　　　>　나마쿠리-무 누키데…
  生クリーム　　*抜きで...*

- 알코올 빼고요.　　　>　아루코-루 누키데…
  アルコール　　*抜きで...*

저는 모든 음료에 대해 원샷주의자라서, 머리가 띵~ 해지는 얼음 꽉 찬 음료를 좋아하지 않아요. 얼음이나 시럽 같은 걸 빼 달라고 부탁할 때는 "빼구요."라는 뜻의 [누키데…]로 부탁할 수 있답니다.

42

포장이요.　　　　　>　모치카에리 + 데스。

持ち帰り 가지고 감　　*です。* ~입니다

- 매장 안에서요.　　　>　텐나이데스。
  店内です。

- 테이크아웃이요.　　　>　테이꾸아우또데스。
  テイクアウトです。

일찍이 요식업이 발달한 일본에는 [모치카에리]持ち帰り라는 표현이 있어요. '테이크아웃, 포장'이라는 의미예요. 직원이 다음처럼 물어보면 위의 표현으로 대답합시다.

"텐나이 고리요-데스까? 店内ご利用ですか? 안에서 드시나요?"
"오모치카에리데스까? お持ち帰りですか? 가져가실 건가요?"
"테이꾸아우또데스까? テイクアウトですか? 테이크아웃인가요?"

43

컵 슬리브 주세요.   >   칵뿌스리-부 + 오네가이시마스。
                        カップスリーブ   お願いします。
                        컵 슬리브   ~부탁합니다

• 영수증 주세요.   >   레시-토 오네가이시마스。
                        レシート   お願いします。

일본에선 일반적으로 뜨거운 음료에만 컵 슬리브를 주고 찬 음료에는 대부분 주지 않아요. 그렇다고 따로 비치되어있지도 않구요. 필요하다면 직원에게 요청해야 합니다. 예전에 직원에게 컵 슬리브를 달라고 했더니 찬 음료에는 컵 슬리브가 젖을 수도 있으니 조심하라고 하더라구요. 소소하지만 우리와 다른 문화 차이를 느꼈답니다.

알아두면 좋은 표현

• 영수증 필요 없어요. > 레시-토 이라나이데스。 レシート 要らないです。

44

와이파이 있나요?   >   와이화이 아리마스까?
                        ワイファイ   ありますか?
                        와이파이   ~있나요?

• 와아파이 패스워드가 뭐예요? > 와이화이노 파스와-도와 난데스까?
                                ワイファイの   パスワードは   何ですか?

"와이파이 되나요?"를 직역해 [와이화이 데키마스까?]ワイファイ出来ますか?라고 하면, 좀 어색한 표현이 됩니다. "와이파이가 있나요?" 혹은 "와이파이를 쓸 수 있나요?"라고 물어보는 게 더 자연스러워요.

카페 메뉴 알아보기

커피 메뉴
- **ドリップコーヒー** 도립뿌 코-히- ＞ 드립 커피
- **カフェミスと** 카훼 미스토 ＞ 카페 미스토 (드립 커피에 우유를 섞은 음료)
- **コールドブリューコーヒー** 코-루도 부류- 코-히- ＞ 콜드브루 커피

테바나 메뉴
- **ゆずシトラス & ティー** 유즈 시토라스 안도 티- ＞ 유자 시트러스 & 티
- **抹茶ティーラテ** 맛챠 티- 라테 ＞ 녹차 라떼
- **チャイティーラテ** 챠이 티- 라테 ＞ 차이티 라떼
- **ティーラテ** 티- 라테 ＞ 티 라떼

에스프레소 메뉴
- **スターバックスラテ** 스타-박꾸수 라떼 ＞ 스타벅스 라떼
- **ソイラテ** 소이라떼 ＞ 두유 라떼
- **ムースフォームラテ** 무스 훠-무 라떼 ＞ 무스 폼 라떼
- **キャラメルマキアート** 캬라메루 마키아-토 ＞ 캐러멜 마키아또
- **カプチーノ** 카푸치-노 ＞ 카푸치노
- **カフェアメリカーノ** 카훼 아메리카-노 ＞ 아메리카노

프라푸치노 메뉴
- **ダークモカチップフラペチーノ** 다-크 모카 칩뿌 후라페치-노 ＞ 다크 모카 칩 프라푸치노
- **キャラメルフラペチーノ** 캬라메루 후라페치-노 ＞ 캐러멜 프라푸치노
- **コーヒーフラペチーノ** 코-히- 후라페치-노 ＞ 커피 프라푸치노
- **ダークモカチップクリームフラペチーノ** 다-크 모카 칩뿌 쿠리-무 후라페치-노
  ＞ 다크 모카 칩 크림 프라푸치노
- **抹茶クリームフラペチーノ** 맛챠 쿠리-무 후라페치-노 ＞ 녹차 크림 프라푸치노
- **バニラクリームフラペチーノ** 바니라 쿠리-무 후라페치-노 ＞ 바닐라 크림 프라푸치노
- **マンゴーパッションティーフラペチーノ** 망고- 팟숀 티- 후라페치-노
  ＞ 망고 패션 티 프라푸치노

➕ TIP

카페에서 핸드폰 충전하지 말라고? 우리나라에선 카페 벽의 콘센트에 핸드폰이나 노트북을 충전하는 건 흔한 풍경이죠? 하지만 일본에선 그렇지 않습니다. 남의 공간에서 내 전자기기를 충전하는 걸 '전기 도둑'이라고 생각한대요. 그래서 대부분의 일본 사람들은 휴대용 보조배터리를 들고 다닌답니다.

챕터 8
쇼핑

쇼핑 천국 일본! 요즘엔
쇼핑을 위해 일본 여행을
계획하는 분들도 많더라
구요. 웬만한 시내 상점에
서도 면세 혜택을 받을 수
있으니, 쇼핑할 땐 꼭 여권
을 챙겨갑시다.

회사원A
미니영상

45

그냥 보는 거예요. > 타다 미떼루 다케데스.

_{ただ} _{見てる} _{だけです。}

그냥 　 보고 있다 　 ~뿐이다

- 다른 것도 볼게요. > 호카모 미마스네.

_{他も} _{見ますね。}

- 스커트를 보려구요. > 스카-토워 미따이데스.

_{スカートを} _{見たいです。}

일본에서도 옷 가게에 들어서면 점원이 "찾는 거 있으세요? [오사가시모노와 아리마스까?]お探し物はありますか?라고 물어봅니다. 그럴 때 유용하게 쓸 수 있는 표현입니다.

46

220V로 있나요? > 니햐쿠 니쥬- 보루토데 + 아리마스까?

_{220Vで} _{ありますか?}

220V 　 ~있나요?

- 외국 사양인 물건 있나요? > 카이가이 시요-노 모노 아리마스까?

_{海外仕様の 物} _{ありますか?}

일본 가전제품은 100V 콘센트입니다. 100V 제품을 돼지코 모양의 어댑터만 연결하면 한국에서도 사용할 수도 있지만, 드라이기나 다리미 등 열을 내는 제품들은 반드시 변압기를 사용해야 해요. 어렸을 때 아버지가 외국에서 가져오신 100V 노트북을 어댑터만 연결해서 쓰다가 과열돼 펑 터졌던 경험이 있어요. 요즘 일본 전자제품 매장에는 외국인 손님이 많다 보니 220V 외국용 제품들도 나와 있어요.

47

입어볼게요. > 시챠쿠 시테미마스。

試着　してみます。

시착(입어 봄)　~해보다

• 시착 준비 부탁드릴게요. > 시챠쿠 오네가이시마스。

試着　お願いします。

• 입어보고 싶어요. > 시챠쿠 시떼미따이데스。

試着　してみたいです。

마음에 드는 옷이 있다면 입어봐야겠죠? 입어보고 싶은 옷을 점원에게 얘기하면 피팅룸 배정부터 단추나 지퍼를 풀어서 입기 좋게 세팅까지 해줍니다. 화장을 한 상태라면 점원이 [훼이스카바-노 고리요-오네가 이시마스。] フェイスカバーのご利用お願いします。 라고 말할 거예요. 페이스 커버를 이용해달라는 뜻이랍니다.

매장 직원이 많이 하는 말

피팅룸에서 옷을 입고 나오면 매장 직원이 엄청나게 칭찬을 하겠죠? 칭찬은 알아들어야 인지상 정이니, 매장 직원들이 많이 하는 표현들도 알아둡시다.

• 대단해! > 스고이! 凄い!

• 어울려요. > 니아이마스。似合います。

• 딱이에요. > 삣따리。ぴったり。

• 귀여워요. 예뻐요. > 카와이。可愛い。

48

다른 색깔 있어요? > **이로치가이 + 아리마스까?**
색違い 色違い
색깔 다른 거   ~있어요?
ありますか?

- 다른 사이즈 있어요? > **호카노 사이즈 아리마스까?**
他のサイズ   ありますか?

- 새 거 있어요? > **아타라시이 모노 아리마스까?**
新しい 物   ありますか?

맘에 드는 디자인이라 다른 색이 있는지 물어보고 싶다면? [이로치가이]色違い라는 표현이 유용해요. 직역하면 〈색깔+다른 거〉인데, 한 단어처럼 쓰인답니다.

색깔 이름표

- 빨강 > 아까 赤
- 오렌지, 주황 > 오렌지 オレンジ
- 노랑 > 키이로 黄色
- 갈색 > 챠이로 茶色   • 브라운 > 부라운 ブラウン
- 보라 > 무라사키 紫   • 퍼플 > 파-푸루 パープル
- 핑크 > 핑꾸 ピンク
- 베이지 > 베-쥬 ベージュ
- 화이트 > 호와이토 ホワイト
- 그레이 > 구레- グレー
- 검정 > 쿠로 黒   • 블랙 > 부락꾸 ブラック
- 초록 > 미도리 緑
- 파랑 > 아오 青

M 사이즈 주세요.	>	**에무 사이즈** + **오네가이시마스**。

M サイズ / M사이즈   お願いします。 / ~부탁합니다

- L 사이즈 주세요.   >   **에루 사이즈 오네가이시마스**。
  - L サイズ   お願いします。

- 한 사이즈 작은 거 주세요.   >   **완 사이즈 치-사이 모노 오네가이시마스** 。
  - ワン サイズ 小さい 物   お願いします。

- 한 사이즈 큰 거 주세요.   >   **완 사이즈 오오키이 모노 오네가이시마스** 。
  - ワン サイズ 大きい 物   お願いします。

일본의 옷 가게에는 S나 M 사이즈 2가지만 있는 경우가 대부분이에요. 원사이즈ワンサイズ인 경우도 많구요. 그리고 대체로 한국보다 옷이 작게 나오는 편이라, 저 같은 경우는 한국에서 66 사이즈를 입지만 일본의 M 사이즈는 좀 타이트하더라구요. 그러니 꼭 입어보고 삽시다.

작은데요.	>	**치-사이** + **데스**。

小さい / 작다   です。 / ~입니다

- 큰데요.   >   **오오키이데스**。
  - 大きいです。

- (옷, 신발이) 헐렁한데요.   >   **다보다보데스**。
  - だぼだぼです。

- 짧은데요.   >   **미지카이데스**。
  - 短いです。

- 긴데요.   >   **나가이데스**。
  - 長いです。

옷을 입어보고 핏감을 표현할 때 쓰는 표현입니다. 다른 사이즈를 달라는 표현과 함께 쓰면 유용하겠죠?

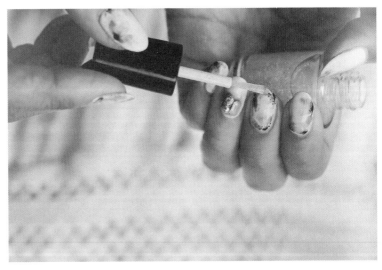

51

써봐도 되나요? > 試してみて いいですか?
타메시떼미떼 이이데스까?
(써봐도) 시도해봐도　좋을까요?

- 써보고 싶어요. > 試して みたいです。
타메시떼미따이데스。

- 써볼 수 있게 부탁드려요. > お試し お願いします。
오타메시 오네가이시마스。

합리적 소비를 하는 코덕이라면 당연히 제품 테스트를 해봐야겠죠! 드럭스토어에선 테스트 사용이 자유로운 편이에요. 백화점에서도 써봐도 되는지 물어보면 직원이 바로 테스트한 손 등을 닦을 클렌징 티슈까지도 준비해준답니다. 위 표현들은 옷 가게에서도 똑같이 사용할 수 있어요. 기억해두면 유용하겠죠?

52

전 색상 몇 가지인가요? > 何　色　展開ですか?
난 쇼쿠 텐까이데스까?
몇　색　전개인가요?

- 다른 색상은요? > 他の 色は…?
호카노 이로와…?

- 다른 타입은요? > 他の タイプは…?
호카노 타이뿌와…?

이 책을 구입한 독자라면 코덕인 분들이 많겠죠? 전 색상 품번이 몇 가지인지 물어보고 싶을 때, 일본에선 '색상의 전개가 몇 개냐'고 표현합니다. 그 외에도 종류를 물어볼 수 있는 표현도 준비했습니다.

촉촉한 제품 있나요? > しっとりした 物 ありますか?
싯토리시타 모노 + 아리마스까?
촉촉한 것/물건 ~있어요?

- 매트한 제품 있나요? > マットな 物 ありますか?
  맛또나 모노 아리마스까?

- 마무리감이 뽀송한 제품 있나요? > 仕上がりが さらさらなの ありますか?
  시아가리가 사라사라나노 아리마스까?

- 보습감이 좋은 제품 있나요? > 潤う 物 ありますか?
  우루오우 모노 아리마스까?

화장품 살 때 내가 원하는 텍스처의 제품을 물어보는 표현들입니다. 다만, 일본은 섬나라여서 평균적으로 습도가 높은데다가 여름은 특히 더 가혹합니다. 그래서인지 화장품도 촉촉하고 리치한 제형보다 뽀송하고 매트한 게 많아요. 건성 피부가 일본에서 제품을 사면 성에 차지 않을 가능성이 높답니다.

화장품 용어

+ 스킨케어
- 스킨, 토너 > 케쇼-스이 化粧水
- 로션 > 뉴-에키 乳液
- 크림 > 쿠리-무 クリーム
- 에센스, 세럼 > 비요-에키 美容液

+ 색조편
- 화장품 > 코스메 コスメ
- 립제품 통칭 > 립뿌 リップ
- 립스틱 > 립뿌스틱꾸 リップスティック
- 립스틱 > 구치베니 口紅
- 립글로스 > 립뿌구로스 リップグロス
- 파운데이션 > 환데-숀 ファンデーション
- 리퀴드 파운데이션 > 리킷도 환데-숀
  リキッドファンデーション

- 앰플 > 암푸루 アンプル
- 립밤 > 립뿌쿠리-무 リップクリーム
- 자외선 차단제 > 히야케도메 日焼け止め
- 폼클렌저 > 센간훠-무 洗顔フォーム

- 마스카라 > 마스카라 マスカラ
- 아이브로우 > 아이브로- アイブロー
- 아이섀도우 > 아이샤도- アイシャドー
- 아이라이너 > 아이라이나- アイライナー
- 블러셔, 볼터치 > 치-크 チーク
- 프라이머 > 시타지 下地

54

건성 피부예요.　　　　　>　ドライ 肌 です。
　　　　　　　　　　　　　　도라이 하다 + **데스。**
　　　　　　　　　　　　　　건조한　　피부　　~입니다

• 지성 피부예요.　　　>　オイリー 肌です。
　　　　　　　　　　　　　오이리- 하다데스。

• 복합성 피부예요.　　>　混合 肌です。
　　　　　　　　　　　　　콘고세미 하다데스。

• 민감한 피부예요.　　>　敏感 肌です。
　　　　　　　　　　　　　빈칸 하다데스。

스킨케어나 베이스 제품을 살 때 직원의 추천이 필요하다면, 내 피부가 어떤 타입인지 설명해야겠죠? '지성'이나 '건성' 피부를 표현할 때는 영어의 드라이dry와 오일리oily를 빌려 [도라이], [오이리-]라고 합니다. 저 같은 경우는 "아토피가 있어요."라는 [아토피- 가 아리마스。]アトピーが あります。 표현도 자주 사용해요.

55

제일 인기 있는 건요?　　>　一番 人気なの は…?
　　　　　　　　　　　　　　이치방 + **닌키나노** + **와…?**
　　　　　　　　　　　　　　제일　　인기 있는 것　~은/는요?

• 제일 유명한 건요?　　>　一番 有名なのは…?
　　　　　　　　　　　　　이치방 유-메-나노와…?

• 제일 잘 팔리는 건요?　>　一番 売れてるのは…?
　　　　　　　　　　　　　이치방 우레떼루노와…?

• 제일 추천하는 건요?　>　一番 おすすめは…?
　　　　　　　　　　　　　이치방 오스스메와…?

해당 브랜드에서 어떤 제품이 유명한지 물어보고 싶다면? "제일 인기 있는 건요?"라는 뜻으로 [이치방 닌키나노와…?]라고 '…'의 느낌을 살려 물어볼 수 있어요.

111

56

이거 주세요.	>	コレ + オネガイシマス。

これ お願いします。

코레 = 이거, ~부탁합니다

• 저거 주세요. > 아레 오네가이시마스。

あれ お願いします。

• 이거 다 주세요. > 코레 젠부 오네가이시마스。

これ 全部 お願いします。

놀랍게도 "이거 주세요."도 마법의 일본어 [오네가이시마스]로 통합니다! 대단하죠?

57

얼마예요?	>	이쿠라 + 데스까?

いくら ですか?

얼마 = ~입니까?

• 이거 얼마예요? > 고레 이쿠라데스까?

これ いくらですか?

• 전부 얼마예요? > 젠부데 이쿠라데스까?

全部で いくらですか?

가격을 물을 때 [이쿠라데스까?]를 쓸 수 있는데요, 다양한 상황에 맞춰서 살짝 응용해 사용할 수 있답니다.

관광객을 위한 5% 할인 쿠폰

일본 쇼핑몰에서는 외국인 관광객이라면 묻지도 따지지도 않고 할인 쿠폰(약 5%)을 주는 곳이 많습니다. 보통 쇼핑몰 내에 카드 부스 같은 곳 옆에서 주는데요, 이런 할인 쿠폰을 주로 '게스트 쿠폰'이라고 불러요. 본인 여권을 꼭 가져가야 쿠폰을 받을 수 있어요.

일본에 처음 갔을 때, 비 오는 날 옷 가게에서 '옷'님을 넣는 '종이 쇼핑백'님이 젖을까 봐 쇼핑백 위에 비닐 레인커버를 씌워줄까 물어봐서 깜짝 놀랐어요. 그 외에도 포인트 카드며 어플이며 라인 친구 등록 등을 물어보기도 해요. 알고나면 별거 아닌 말인데, 막상 처음 들으면 "뭐지?" 싶을 거예요. 여행 가기 전 대략 이런 말을 하는구나 정도로만 훑어보세요.

• 물건 2개 3,300엔입니다. > 니텐 산젠산뱌쿠엔데스。2点 3,300円です。

• 포인트 카드 있으세요? > 포인토카-도 오모치데스까? ポイントカード お持ちですか？

• 포인트 카드 만들어드릴까요? > 포인토카-도 오츠쿠리 시마스까? ポイントカード おつくりしますか？

• 포인트 적립하세요? > 포인토 타메마스까? ポイント 貯めますか？

• 회원 등록하셨나요? > 카이인토-로쿠 아리마스까? 会員登録 ありますか？

• 선물이신가요?(포장해드릴까요?) > 푸레젠토데스까? プレゼントですか？

• 본인이 쓰실 건가요?(선물 포장 필요 없으세요?) > 고지타쿠요-데스까? ご自宅用ですか？

• 몇 개월 할부로 해드릴까요?(지불 횟수는요?) > 시하라이 카이스와? 支払い 回数は？

• 일시불인가요? > 잇까츠 바라이데스까? 一括払いですか？

• 레인커버 필요하세요? > 레인카바- 이리마스까? レインカバー 要りますか？

• 라인 친구 등록 하시면~ > 라인토모다치 토-로쿠스루토~ ライン 友達登録すると~

• 앱을 다운받으시면~ > 아푸리오 다운로-도스루토~ アプリを ダウンロードすると~

선물 포장 해주세요. > 贈り物で お願いします。
오쿠리모노 + **데** + **오네가이시마스**。
보낼 물건(선물포장) ~으로 ~부탁합니다

• 선물로 해주세요. > プレゼントで お願いします、
푸레젠토데 **오네가이시마스**。

백화점 같은 곳에선 선물용으로 포장을 해주거나, 가격표가 안 보이도록 처리해주기도 해요. 선물 포장을 할 땐 마법의 일본어 [오네가이시마스]를 써서 말해봅시다.

일본 백화점의 무료 서비스

일본은 백화점 산업이 발달한 나라 중에 하나예요. 지금은 예전 고도성장 때만 못하다고는 하지만요. 일본의 백화점에선 손님들을 위한 서비스가 잘 되어 있어요. 백화점마다 다르니 사전에 어떤 무료 서비스가 있는지 확인해보세요.

✚ 당일 무료 배달 서비스
제가 외국인 관광객이 가장 많은 이세탄백화점 신주쿠점에서 주로 이용하는 서비스입니다. 백화점에서 쇼핑한 물건들을 오후 6시 이전까지 면세 카운터에 맡기면 당일 저녁에 호텔로 배달해주는 서비스입니다. 무려, 무료라는 거! 단, 서비스가 가능한 호텔이 정해져 있어요. 주로 5성급 호텔들인데, 저는 그나마 가장 저렴하고 신주쿠와도 가까운 게이오 플라자 호텔 Keio Plaza Hotel Tokyo에 자주 묵어요.

✚ 유모차 대여
우리나라 백화점에서도 제공하는 서비스죠? 백화점 1층이나 유모차 대여 전용 카운터에서 유모차를 빌릴 수 있습니다. 아기와 함께하는 분들은 이용해보세요.

면세되나요?	>	免税 できますか? **멘제이 데키마스까?** 면세 ~되나요?

- 면세로 (계산)해주세요. > 免税で お願いします。
멘제이데 오네가이시마스。

- 면세는 얼마부터인가요? > 免税は いくらからですか?
멘제이와 이쿠라까라데스까?

- 다른 점포랑 합쳐서 면세되나요? > 他店と 合わせて 免税できますか?
타텐토 아와세떼 멘제이데키마스까?

일본이 쇼핑 천국인 이유! 웬만한 쇼핑몰은 거의 다 면세 할인을 해주기 때문! 단, 쇼핑몰의 매장에 따라 특정 금액 이상 살 때만 면세가 되기도 하고, 매장에 상관없이 쇼핑몰 자체적으로 얼마 이상 면세되는 등 조건이 다양합니다. 그러니 꼭 면세 여부를 확인하고 쇼핑합시다.

면세 할인받기

일본에서는 면세점이 아닌 평범한 시내 쇼핑몰에서도 면세점처럼 면세 혜택을 받을 수 있습니다. 관광 목적으로 단기 체류 중인 외국인을 위해서 면세해주는 건데요, 쇼핑한 뒤 쇼핑몰이나 백화점 내에 있는 면세 카운터Tax Free Counter 免税를 찾아가 쇼핑한 영수증과 여권을 보여주면 현금으로 소비세를 환급해줍니다.

면세 조건 예시:
> 한 점포에서 얼마 이상을 사야 면세
> 쇼핑몰 안에 있는 상점이라면 모두 OK! 합쳐서 얼마 이상 사면 면세

60

큰 봉투에 주세요. > **오오키이 후쿠로니** + **오네가이시마스。**
大きい　　　袋に　　　　　　　　　お願いします。
큰　　　　　봉투에　　　　　~부탁합니다

- 비닐 봉지에 주세요. > **비니-루 후쿠로니 오네가이시마스。**
  ビニール 袋に　　　　　　　お願いします。

- 쇼핑백 주세요. > **후쿠로 오네가이시마스。**
  袋　　　　　お願いします。

- 종이봉투 주세요. > **카미부쿠로 오네가이시마스。**
  紙袋　　　　　　お願いします。

짐이 많아서 큰 봉투가 필요하다면, 역시 마법의 표현 [오네가이시마스]를 쓰세요. 〈필요한 것+오네가이시마스〉는 정말 중요한 필수 표현이에요.

61

같이 넣어주세요. > **잇쇼니 이레떼** + **구다사이。**
一緒に　　　入れて　　　ください。
함께　　　넣어서　　　~해주세요

- 따로 넣어주세요. (따로 해주세요.) > **베츠데 오네가이시마스。**
  別で　　　お願いします。

짐이 많아서 큰 봉투에 모아서 넣고 싶다면, 점원에게 이렇게 요청해보세요. 그럼 옷을 고이고이 잘 접어 차곡차곡 잘 정리해서 넣어줄 거예요.

의류와 액세서리 용어

✚ 상의

반팔	> 한소데 半そで
긴팔	> 나가소데 長そで
티셔츠	> 티-샤츠 ティーシャツ
후드	> 후-도 フード
블라우스	> 부라우스 ブラウス
셔츠	> 샤츠 シャツ
캐미솔	> 캬미소-루 キャミソール 캬미 キャミ

✚ 하의

바지	> 판츠 パンツ
청바지	> 진-즈 ジーンズ
반바지	> 쇼-또판츠 ショートパンツ
치마	> 스카-토 スカート
미니스커트	> 미니스카-토 ミニスカート
롱스커트	> 롱구스카-토 ロングスカート

✚ 아우터

재킷	> 쟈켓또 ジャケット
코트	> 코-토 コート
가디건	> 카-디간 カーディガン
다운 패딩	> 다운 ダウン
양복 재킷(블레이저)	> 부레자- ブレザー

✚ 원피스

원피스	> 완피-스 ワンピース
드레스	> 도레스 ドレス
슬립	> 스립뿌 スリップ

✚ 신발

운동화	> 스니-카- スニーカー
슬리퍼	> 스립빠 スリッパ
구두	> 쿠츠 靴
하이힐	> 하이히-루 ハイヒール 히-루 ヒール
플랫슈즈	> 후랏또슈-즈 フラットシューズ

박물관, 미술관

박물관, 미술관 등 관광지를 방문할 때 특히 주의해야 할 게 사진 촬영 매너입니다. 문화재 보호 차원에서 사진 촬영을 금지하는 곳도 많으니 꼭 확인하는 게 좋아요.

회사원A
미니영상

62

사진 찍어도 되나요? > 샤신 톳떼모 + 이이데스까?
写真 撮っても · いいですか?
사진 찍어도 / 괜찮나요?

- 영상 찍어도 되나요? > 도-가 톳떼모 이이데스까?
動画 撮っても いいですか?

- 사진 괜찮나요? > 샤신 이이데스까?
写真 いいですか?

- 영상 OK인가요? > 도-가 오-케-데스까?
動画 OKですか?

일본 관광지에서는 사진 촬영 금지인 곳이 꽤 있습니다. 그리고 한국보다 사진이나 영상 촬영에 대한 규정이 훨씬 엄격합니다. 프라이버시에 민감한 일본인들은 얼굴이 인터넷에 올라가는 것을 위험한 일로 생각한다고 해요. 상점에서도 기본적으로 사진 촬영이 금지예요. 사진을 찍고 싶다면 물어보는 게 좋아요.

63

사진 부탁합니다. > 샤신 오네가이시마스。
写真 お願いします。
사진 / ~부탁합니다

- 사진 찍어주세요. > 샤신 톳떼 구다사이。
写真 撮って ください。

사진을 찍어달라고 요청할 때의 팁! 웬만하면 지나가는 한국 사람에게 찍어달라고 하자! 이건 일본에 국한된게 아니라 전 세계 어딜 가도 한국 사람이 사진을 가장 잘 찍습니다. 왜 그런지는 모르겠어요. 하지만 한국인을 못 찾았다면 이 표현을 활용해 부탁해보세요.

64

한국어 안내 있나요? > 캉코쿠고노 안나이 + 아리마스까?

韓国語の / 案内 / ありますか?
한국어의 / 안내 / ~있나요?

- 영어 안내 있나요? > 에이고노 안나이 아리마스까?

英語の 案内 / ありますか?

- 한국어로 된 게 있나요? > 캉코쿠고노 모노 아리마스까?

韓国語の 物 / ありますか?

- 한국인 직원 있나요? > 캉코쿠진노 스탓후 이마스까?

韓国人の スタッフ / いますか?

일본으로 여행 가는 외국인 관광객 1위가 중국인, 2위가 한국인입니다. 그래서 웬만한 관광지에는 한국어 안내책자나 지도가 있을 거예요. 한국인 직원이 있는 관광지도 있으니, 당당하게 물어봅시다. 참고로, '~있 나요?' 앞에 '한국어 안내', '영어 안내'처럼 사물이 오면 [~아리마스까?], '직원'처럼 사람이 오면 [~이마스 까?]를 씁니다.

65

신발 벗어야 하나요? > 쿠츠와 누기마스까?

靴は / 脱ぎますか?

- 신발장은 어딨나요? > 쿠츠바코와 도꼬데스까?

靴箱は / どこですか?

- 슬리퍼 있나요? > 스립빠 아리마스까?

スリッパ / ありますか?

- 보관료 있나요? (받나요?) > 호칸료- 아리마스까?

保管料 / ありますか?

예전에 교토의 한 사찰에 갔을 때 사찰 안으로도 들어갈 수 있었는데요. 신발을 벗고 올라가야 했어요. 신 발을 신발장에 벗어놓고 한참을 구경 했답니다. 이렇듯 신발을 벗고 들어가야 하는지, 신발장은 어디에 있 는지 등은 어떻게 묻는지 알아둡시다.

응급상황

일본에는 병원이나 약국
이 우리나라처럼 많지 않
아요. 여행지에서 최대한
컨디션 조절을 잘 하는 게
좋답니다. 하지만 위급한
상항은 불시에 일어나죠.
그럴 때 이번 챕터의 표현
들을 써보세요.

회사원A
미니영상

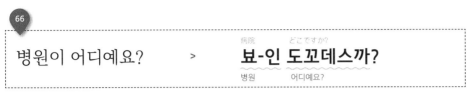

66

병원이 어디예요?　＞　病院 どこですか?
뵤-인 도꼬데스까?
병원　어디예요?

• 가까운 데 병원이 있나요?　＞　近くに 病院 ありますか?
치카쿠니 뵤-인 아리마스까?

• 구급차 불러주세요.　＞　救急車 呼んで ください。
큐-큐-샤 욘데 구다사이。

일본에서 병원 갈 일이 생긴다면 머리가 아파질 거예요. 우리나라처럼 동네 병원이 많지 않거든요. 동네 병원이든 큰 병원이든 병원 자체를 찾기가 쉽지 않습니다. 아프지 않도록 최대한 컨디션 조절을 합시다.

67

여기가 아파요.　＞　ここが 痛い です。
코코가 이따이 + 데스。
여기가　아프다　~해요

• 생리통이에요.　＞　生理痛です。
세이리츠-데스。

• 두드러기요.　＞　蕁麻疹です。
진마신데스。

• 체했어요.　＞　食もたれです。
쇼쿠모타레데스。

• 속이 더부룩해요.　＞　胃もたれです。
이모타레데스。

여행 중 급히 어디가 아플 때, 이 표현들을 써서 표현하면 됩니다. 그리고 빨리 나으세요!

68

두통이 있어요. > **즈츠-가** + **아리마스。**
頭痛が　　あります。
두통이　　　　~있어요

• 열이 있어요. > **네츠가 아리마스。**
熱が　　あります。

두통이나 열이 날 때, 우리는 "두통이 있어요."처럼 '~있어요'라고 표현하잖아요? 일본어도 똑같이 '~이 있다'는 의미의 [아리마스]를 사용한답니다.

소화제 주세요. > **쇼-까자이** + **오네가이시마스。**
消化剤　　　　　　　お願いします。
소화제　　　　　　　~부탁합니다

• 진통제 주세요. > **이따미도메 오네가이시마스。**
痛み止め　　お願いします。

• 감기약 주세요. > **카제구스리 오네가이시마스。**
風邪薬　　　お願いします。

• 해열제 주세요. > **네츠사마시 오네가이시마스。**
熱さまし　　お願いします。

약을 사려면 아픈 증상을 얘기해야겠죠? 그때 마법의 표현 [오네가이시마스]가 구해줍니다. [오네가이시마스] 앞에 필요한 약을 넣어 '~약 주세요'라는 문장을 만들 수 있습니다.

대체할 수 있는 단어들

• 해열 시트 > 네츠사마 시-토 熱さま シート　　• 방충제 > 무시요케 虫よけ

• 구내염 약 > 코-나이엔 야쿠 口内炎 薬　　• 구내염 패치 > 코-나이엔 팟치 口内炎 パッチ

• 벌레 물린 데 바르는 약 > 무시사사레 야쿠 虫刺され薬

70

| 치한이야! | > | 痴漢!
치칸! |

- 도둑이야!   >   泥棒!
도로보-!

- 불이야!   >   火事!
카지!

일본은 상대적으로 치안이 좋은 나라입니다. 소매치기나 도둑이 많지 않지만, 치한은 저도 몇 번 당한 적이 있습니다. 딱히 위험한 지역도 아니었고 심지어 대낮이었는데 신주쿠 번화가에도 치한이 활개를 치더라구요. 조심하고 아니고의 문제가 아니었어요. 여자끼리 간 여행이라면 치한을 만난 이후 대처법이라도 꼭 알아두세요.

71

| 물건을 잃어버려서요. | > | 忘れ物を　　　しました。
와스레모노워 시마시따。 |

- 전철에 물건을 두고 왔어요.   >   電車に 物を 忘れました。
덴샤니 모노워 와스레마시따。

- 택시에 물건을 두고 왔어요.   >   タクシーに 忘れ物を しました。
타쿠시-니 와스레모노워 시마시따。

일본에서는 물건을 잃어버려도 찾을 확률이 매우 높습니다. 유럽이나 미국에선 상상도 못 할 일이죠. 위의 표현처럼 물건을 잃어버렸다고 말하며 도움을 청하세요.

가까이에 파출소 있나요? > **치카쿠니 코-반 아리마스까?**

近くに　交番　ありますか?

근처에　　파출소　　~있나요?

• 가장 가까운 파출소는 어딘가요? > **이치방 치카이 코-반와 도꼬데스까?**

一番 近い 交番は どこですか?

일본엔 파출소가 많습니다. 파출소는 [코-반]交番이라고 하는데요, 아예 일본 동네 파출소의 영문 표기가 KOBAN이에요. 자전거 타고 다니는 동네 경찰관 아저씨도 일본에서 흔히 볼 수 있는 풍경이랍니다.

ア 아	カ 카	サ 사	タ 타	ナ 나	ハ 하	マ 마	ヤ 야	ラ 라	ワ 와
イ 이	キ 키	シ 시	チ 치	ニ 니	ヒ 히	ミ 미		リ 리	
ウ 우	ク 쿠	ス 스	ツ 츠	ヌ 누	フ 후	ム 무	ユ 유	ル 루	
エ 에	ケ 케	セ 세	テ 테	ネ 네	ヘ 헤	メ 메		レ 레	ヲ 오
オ 오	コ 코	ソ 소	ト 토	ノ 노	ホ 호	モ 모	ヨ 요	ロ 로	

ン 응

+ **ガ** 가, **ギ** 기, **グ** 구, **ゲ** 게, **ゴ** 고　　　**ザ** 자, **ジ** 지, **ズ** 즈, **ゼ** 제, **ゾ** 조
ダ 다, **ヂ** 지, **ヅ** 즈, **デ** 데, **ド** 도
バ 바, **ビ** 비, **ブ** 부, **ベ** 베, **ボ** 보　　　**パ** 파, **ピ** 피, **プ** 푸, **ペ** 페, **ポ** 포

히라가나

あ 아	か 카	さ 사	た 타	な 나	は 하	ま 마	や 야	ら 라	わ 와
い 이	き 키	し 시	ち 치	に 니	ひ 히	み 미		り 리	
う 우	く 쿠	す 스	つ 츠	ぬ 누	ふ 후	む 무	ゆ 유	る 루	
え 에	け 케	せ 세	て 테	ね 네	へ 헤	め 메		れ 레	
お 오	こ 코	そ 소	と 토	の 노	ほ 호	も 모	よ 요	ろ 로	を 오

ん 응

+ **が** 가, **ぎ** 기, **ぐ** 구, **げ** 게, **ご** 고　　**ざ** 자, **じ** 지, **ず** 즈, **ぜ** 제, **ぞ** 조
だ 다, **ぢ** 지, **づ** 즈, **で** 데, **ど** 도
ば 바, **び** 비, **ぶ** 부, **べ** 베, **ぼ** 보　　**ぱ** 파, **ぴ** 피, **ぷ** 푸, **ぺ** 페, **ぽ** 포

특급 부록

뜯는 카드
카드 뜯어서 일본으로 고고씽 =3

❶ 한 장씩 뜯어 끈이나 링에 끼워요.
❷ 카드를 늘 곁에 두고 틈틈이 봐요.
❸ 일본 여행에 데리고 가요.
❹ 표현은 반드시 소리 내 읽어요.
❺ 이미 외운 카드도 새로운 카드와 함께 누적 학습을 해요.
✚ 카드를 예쁘게 꾸며요.

회사원A
여행 일본어

입국 01

- 그래요? **소-데스까?**
- (늦었을 때) **예~~?**
- 감사합니다. > **아리가토-고자이마스.**

마무리 일본어 01

- **스미마셍.**
  - 여기요~
  - 아이쿠, 실수! 미안합니다!
  - 죄송합니다.
  - 이렇게까지 해주시니 미안하고 감사합니다.
  - 그렇게 칭찬해주시다니… 감사합니다. 헤헷.
  - 실례합니다.

입국 03

- 어서 오세요! > **이랏샤이마세!**
- 잠시 기다려주세요. > **홋토 맛떼구다사이.**

마무리 일본어 03

- **다이죠-부데스.**
  - 괜찮아요.
  - 그만 됐어요.
- **다이죠-부데스까?**
  - 괜찮아요?

□ 미안합니다. 저기요. > 스미마셍。

□ 미안합니다. > 고멘나사이。

□ 처음 뵙겠습니다. > 하지메마시떼。

• 도-모- 오네가이시마스。

> 반가워요.

• 오네가이시마스。

> 이거 주세요.　　> 그럼 그렇게 해주세요.

> 부탁할게요.　　> 제발 좀 해주세요! 좀!

□ 잘 먹겠습니다. > 이따다키마스。

□ 괜찮아요? > 다이죠-부데스까?

• 도-모。

> (밝은 얼굴로) 안녕하세요, 반가워요.

> (손을 흔들며) 이만, 안녕히.

챕터 2
이건 꼭 외우고 가자

- 아침~점심 인사 › **오하요-고자이마스.**
- 점심 먹고 퇴근 전까지 › **콘니치와.**
- 퇴근 시간 지나서 › **콘방와.**
- 잠들기 전 인사 › **오야스미나사이.**

- 일본어 못해요. › **니홍고 데키마셍.**
- 이해 못하겠어요. › **리카이 데키마셍.**

- 고맙습니다. › **아리가토-고자이마스.**

- 저는 한국 사람이에요. › **와따시와 칸코쿠진데스.**
- 한국에서 왔어요. › **칸코쿠까라 키마시타.**

- **헤에~.** › (맞장구, 새로운 사실을 알았을 때)
- **에에~!** › (맞장구, 놀랐을 때)
- **네~.** › (맞장구, 가볍게 동의할 때)
- **나루호도.** › 그렇군요. (납득했을 때)

데와, 마타.

> 안녕히 계세요.
> 잘 가요.
> 또 볼게요.

천천히 말해주세요. >
윳쿠리 오네가이시마스.

영어로 말해주세요. >
에이고데 오네가이시마스.

한국말 하는 분 계세요? >
캉코쿠고 데키루카타 이마스카?

저는 회사원A입니다. >
와타시와 카이샤잉A데스.

회사원A라고 합니다. >
카이샤잉A토모-시마스.

타시카니. > 그렇지요. (나도 확실히 그렇게 생각할 때)

소-다네. > 맞아. (동의할 때, 친구에게 사용)

소-데스네. > 맞아요. (동의할 때)

어른 1명 주세요.

大人一人ください。

오토나 히토리 구다사이.

공항·교통

제일 빠른 건요?

一番早いのは…?

이찌방 하야이 노와…?

공항·교통

여기에 가고 싶은데요…

ここに行きたいですけど…

크크니 이키따이데스케도…

공항·교통

시부야행인가요?

渋谷行きですか?

시부야 이키데스까?

여행·교통

엘리베이터는 어디 있어요?

エレベーターはどこですか?

에레베-타-와 도꼬데스까?

여행·교통

2명 주세요.
> **후타리** 구다사이.

편도 주세요.
> **카타미치** 구다사이.

왕복표 주세요.
> **오-후쿠** 구다사이.

제일 맛있는 건요?
> 이치방 **오이시- 노와**…?

제일 싼 건요?
> 이치방 **야스이 노와**…?

제일 인기 있는 건요?
> 이치방 **닌키나 노와**…?

(제자를 가리키며) 이 가게에 가고 싶은데요…
> **코노미세니 이키따인데스케도**…

신주쿠에 가고 싶은데요…
> **신주쿠니 이키따인데스케도**…

도쿄보리에 가고 싶은데요…
> **도-쿄-보리니 이키따인데스케도**…

난바행인가요?
> **난바 이키데스카?**

하카타행 인가요?
> **하카타 이키데스카?**

에스컬레이터는 어디 있어요?
> **에스카레-타-와 도 꼬데스카?**

개찰구는 어디 있어요?
> **카이사츠구치와 도 꼬데스카?**

화장실은 어디 있어요?
> **토이레와 도 꼬데스카?**

챕터 4
거리

신주쿠행은 어디서 타나요?

新宿行きはどこで乗りますか?

신주쿠이끼와 도꼬데 노리마스까?

공항·교통

신주쿠까지는 얼마나 걸려요?

新宿までは どれくらい かかりますか?

신주쿠 마데와 도레쿠라이 카카리마스까?

공항·교통

시부야역으로 가주세요.

渋谷駅まで お願いします。

시부야에끼 마데 오네가이시마스.

공항·교통

하치공 출구에 가려고 하는데요…

ハチ公出口に 行きたいんですけど…

하치코- 데구치니 이키따인데스케도…

공항·교통

편의점은 어디인가요?

コンビニって どこですか?

콤비닛떼 도꼬데스까?

거리

6

난바행은 어디서 타나요?
> **난바이키**와 도 꼬데 노 리마스까?

하카타행은 어디서 타나요?
> **하카타이키**와 도 꼬데 노 리마스까?

거기까지는 얼마나 걸려요?
> **소코 마데**와 도레쿠라이 카카리마스까?

엘리베이터까지는 얼마나 걸려요?
> **에레베-타- 마데**와 도레쿠라이 카카리마스까?

정상까지는 얼마나 걸려요?
> **텟펜 마데**와 도레쿠라이 카카리마스까?

시부야 역 신미나미 출구로 가주세요
> **시부야에키 신나미나미구치마데** 오네가이시마스。

도톤보리 입구까지 가주세요.
> **도-톤보리 이리구치마데** 오네가이시마스。

동쪽 출구에 가려고 하는데요…
> **히가시구치니** 이키따인데스케도…

서쪽 출구에 가려고 하는데요…
> **니시구치니** 이키따인데스케도…

남쪽 출구에 가려고 하는데요…
> **미나미구치니** 이키따인데스케도…

북쪽 출구에 가려고 하는데요…
> **키타구치니** 이키따인데스케도…

10

시부야109는 어디예요?
> **시부야 이치마루큐웃떼** 도 꼬데스까?

신주쿠역은 어디예요?
> **신주쿠엣떼** 도 꼬데스까?

가까운 전철역이 어디예요?

치카이 에키와 도꼬데스까?

一番近い駅は どこですか?

근처에 편의점 있나요?

치카쿠니 콤비니 아리마스까?

近くに コンビニ ありますか

체크인 해주세요.

첵꾸잉 오네가이시마스.

チェックイン お願いします。

조식 포함인가요?

쵸-쇼쿠 코미데스까?

朝食 込みですか?

공중목욕탕 있나요?

다이요쿠죠- 아리마스까?

大浴場 ありますか?

11

가까운 버스 정류장이 어디예요?
> 치카쿠이 바스테이와 도 꼬데스까?

가까운 편의점이 어디예요.
> 치카쿠이 콤비니와 도 꼬데스까?

가까운 스타벅스가 어디예요?
> 치카쿠이 스타바와 도 꼬데스까?

12

근처에 ATM 있나요?
> 치카쿠니 에-티-에무 아리마스까?

근처에 대형마트 있나요?
> 치카쿠니 스-파- 아리마스까?

근처에 약국 있나요?
> 치카쿠니 도락꾸스토아 아리마스까?

13

체크아웃해주세요.
> 책꾸아우토 오네가이시마스.

짐 보관해주세요.
> 니모쯔 오네가이시마스.

14

수유실 있나요?
> 쥬뉴-시쯔 아리마스까?

어린이용 의자 있나요?
> 베비-체아 아리마스까?

15

세금 포함인가요?
> 제이 코미데스까?

음료 포함인가요?
> 도링쿠 코미데스까?

조식은 몇 시까지인가요?

초-쇼-쿠와 난지마데데스까?

朝食は 何時まで ですか?

트윈룸인가요?

초인루-무데스까?

ツインルーム ですか?

칫솔 하나 더 가져다주세요.

하브라시오 모-잇코 오네가이시마스.

歯ブラシを もう1個 お願いします。

체크아웃은 몇 시인가요?

첵꾸아우또와 난지데스까?

チェックアウト は 何時ですか?

금연룸으로 예약했는데요.

킹엔루-무데 요야쿠 시탄데스가.

禁煙ルームで 予約 したんですが。

티백 가져가도 되나요?

티-박구워 모치카엣떼 이이데스까?

ティーバッグを 持ち帰って いいですか?

헬스장(짐)은 몇 시까지인가요?
> 지-무와 난지마데데스까?
수영장(풀)은 몇 시까지인가요?
> 푸-루와 난지마데데스까?
바는 몇 시까지인가요?
> 바-와 난지마데데스까?

체크인은 몇 시인가요?
> 첵쿠잉와 난지데스까?

더블베드인가요?
> 다부루벳도데스까?
여성 전용중인가요?
> 조세이센요-까이데스까?
도쿄타워 뷰인가요?
> 토-쿄-타와-뷰-데스까?

흡연룸으로 예약했는데요.
> 키츠엔루-무데 요야쿠-시탄데스까.
싱글룸으로 예약했는데요.
> 싱구루-무데 요야쿠시탄데스까.
트윈룸으로 예약했는데요.
> 초잉루-무데 요야쿠시탄데스까.

바디워시 하나 더 가져다주세요.
> 보디-소-푸워 모-잇코 오네가이시마스。
바디로션 하나 더 가져다주세요.
> 보디-로-숀워 모-잇코 오네가이시마스。
매주 한 잔 더 주세요.
> 비-루워 모-잇코 오네가이시마스。

이거 가져가도 되나요?
> 코레 모치카앳떼 이이데스까?
슬리퍼 가져가도 되나요?
> 스립빠오 모치카앳떼 이이데스까?
봉투 가져가도 되나요?
> 후쿠로오 모치카앳떼 이이데스까?

난방 틀어주세요.
暖房を お願いします。
ˇ
단보-워 오네가이시마스.

호텔·숙박

여기요~
すみません。
ˇ
스미마셍.

레스토랑

금연석 부탁합니다.
禁煙席 お願いします。
ˇ
킹엔세키 오네가이시마스.

레스토랑

2명입니다.
ˇ
후타리데스.
2人です。

레스토랑

얼마나 기다리나요?
どれくらい待ちますか?
ˇ
도레쿠라이 마치마스까?

레스토랑

에어컨 틀어주세요.
> 쿠-라-위 오네가이시마스。

1명입니다.
> 히토리데스。

3명입니다.
> 산닌데스。

4명입니다.
> 요닌데스。

흡연석 부탁합니다.
> 키츠엔세키 오네가이시마스。

(어떤 자리라도) 상관없습니다.
> 카마이마셍。

담배 냄새 때문에 나갈게요. 죄송합니다.
> 타바코노니오이가 홋토…. 스미마셍。

자리가 비어 있나요?
> 세키가 아이떼마스까?

영어 메뉴 있나요?
에이고 메뉴 아리마스까?
英語の メニュー ありますか?

레스토랑

추천 메뉴는요?
오스스메와…?
おすすめは…?

레스토랑

고기 많이요.
니꾸 오오메데…
肉多めで….

레스토랑

생맥주 2잔 주세요.
나마비-루 니꼬 오네가이시마스.
生ビール 2個 お願いします。

레스토랑

고추냉이 빼고요,
와사비 누키데…
わさび 抜きで….

레스토랑

맵게요,
카라쿠치데…
辛口で….

레스토랑

27

한국어 메뉴 있나요?
> 캉고쿠고 메뉴- 아리마스까?

28

이거 1개 주세요.
> 코레 잇꼬 오네가이시마스.
저거 3잔 주세요.
> 아레 산꼬 오네가이시마스.

29

오늘의 추천 (메뉴)는요?
> 혼지츠노 오스스메와…?
추천 점심코스 란치와 (메뉴) 란지와?
> 오스스메노 란치와…?
그걸로 할게요.
> 소레데 오네가이시마스.

30

고추 빼고요.
> 토오가라시 누키데…
고수 빼고요.
> 파쿠치- 누키데…
견과류 빼고요.
> 낫츠 누키데…

31

숙주나물 많이요.
> 모야시 오오메데…
밥 많이요.
> 고항 오오메데…
면 많이요.
> 멘 오오메데…
국물 많이요.
> 스-쁘 오오메데…

32

짜게요. (간 세게요.)
> 아지 코이메데…
최고 맵게요.
> 게키카라데…
싱겁게요.
> 아지 우스메데…
중간 정도 맵게요.
> 츄-카라데…

뽈터슈 주세요.

오시보리 오네가이시마스.

おしぼり お願いします。

계산해주세요.

오카이케이 오네가이시마스.

お会計 お願いします。

챕터 7
카페

화장실 어디예요?

토이레 도꼬데스까?

トイレ どこですか?

신용카드 쓸 수 있나요?

크레짓또 카-도 츠카에마스까?

クレジット カード 使えますか?

따뜻한 커피 1잔 주세요.

**홋또 코-히-,
잇꼬 오네가이시마스.**

ホット コーヒー、1個 お願いします。

앞접시 주세요.
> **토리자라** 오네가이시마스。

젓가락 주세요.
> **하시** 오네가이시마스。

숟가락 주세요.
> **스푸운** 오네가이시마스。

화장실(손 씻는 곳) 어디예요?
> **오테아라이** 도꼬데스까?

화장실

- トイレ 토이레
- お手洗い 오테아라이
- 化粧室 케쇼-시츠
- 便所 벤죠
- 女子トイレ 죠시 토이레
- 男子トイ레 단시 토이레

같이 계산해 주세요.
> **잇쇼니 오카이케이** 오네가이시마스。

더치페이로 해주세요.
> **와리깡데** 오네가이시마스。

현금만 받나요?
> **겐킨노미데스까?**

아이스 커피 2잔 주세요.
> **아이스 코-히-, 니꼬** 오네가이시마스。

아이스 커피, 톨 사이즈 2잔 주세요.
> **아이스 코-히-, 토-루 사이즈, 니꼬** 오네가이시마스。

얼음 조금만이요.
크오리 스쿠나메데…
氷 少な目で…

생크림 많이요.
나마크리-무 오오메데…
生クリーム 多めで…

초콜칩 추가요.
초크칩뿌 초이카데…
チョコチップ 追加で…

얼음 빼고요.
크오리 누키데…
氷 抜きで…

포장이요.
모치카에리데스.
持ち帰り です。

컵슬리브 주세요.
캅뿌스리-부 오네가이시마스.
カップスリーブ お願いします。

시럽 조금만요.
> 시룹뿌 스쿠나메떼…
크림 조금만 주세요.
> 쿠리-무 스쿠나메떼…
에스프레소 조금만요. (연하게요.)
> 에스푸렛소 스쿠나메떼…

시럽 많이 주세요.
> 시룹뿌 오오메떼…
녹차가루 많이 주세요.
> 맛차 오오메떼…
우유 많이 주세요.
> 규-뉴 오오메떼…

크림 주가요.
> 쿠리-무 죠이카떼…
고기 주가요.
> 니쿠 죠이카떼…

시럽 빼고요.
> 시룹뿌 누키떼…
생크림 빼고요.
> 나마쿠리-무 누키떼…
얼코올 빼고요.
> 아루코-루 누키떼…

매장 안에서요.
> 텐나이데스。
테이크아웃이요.
> 테이쿠아우또데스。

영수증 주세요.
> 레시-토 오네가이시마스。
영수증 필요 없어요.
> 레시-토 이라나이데스。

와이파이 있나요?
ワイファイ ありますか?

와이화이 아리마스까?

`카페`

그냥 보는 거예요.
ただ見てるだけです。

타다 미떼루 다케데스.

`쇼핑`

입어볼게요.
試着してみます。

시챠쿠 시테미마스.

`쇼핑`

220V도 있나요?
220Vで ありますか?

니햐쿠 니쥬- 보루토 데 아리마스까?

`쇼핑`

다른 색깔 있어요?
色違い ありますか?

이로치가이 아리마스까?

`쇼핑`

와이파이 패스워드가 뭐예요?
> 와이화이노 파스와-도와 난데스까?

다른 것도 볼게요.
> 호카모 미마스네.

스커트를 보려구요.
> 스카-토워 미따이데스。

시착 준비 부탁드릴게요.
> 시챠쿠 오네가이시마스。

입어보고 싶어요.
> 시챠쿠 시떼미따이데스。

외국 사양인 물건 있나요?
> 카이가이 시요-노 모노 아리마스까?

다른 사이즈 있어요?
> 호카노 사이즈 아리마스까?

새 거 있어요?
> 아타라시이 모노 아리마스까?

M 사이즈 주세요.

예무 사이즈 오네가이시마스.

Mサイズ お願いします。

써봐도 되나요?

타메시떼미 이이이데스까?

試してみて いいですか?

촉촉한 제품 있나요?

싯토리시타 모노 아리마스까?

しっとりした 物 ありますか?

작은데요.

치-사이데스.

小さいです。

전 색상 몇 가지인가요?

난 쇼쿠 텐까이데스까?

何色 展開ですか?

건성 피부예요.

도라이 하다데스.

ドライ肌です。

49

L 사이즈 주세요.
> 에루 사이즈 오네가이시마스.

한 사이즈 작은 거 주세요.
> 완 사이즈 치-사이 모노 오네가이시마스.

한 사이즈 큰 거 주세요.
> 완 사이즈 오오키이 모노 오네가이시마스.

50

큰데요.
> 오오키이데스.

(옷, 신발이) 헐렁한데요.
> 다부다부데스.

짧은데요.
> 미지카이데스.

긴데요.
> 나가이데스.

51

써보고 싶어요.
> 타메시떼미따이데스.

써볼 수 있게 부탁드려요.
> 오타메시 오네가이시마스.

52

다른 색상은요?
> 호카노 이로와…?

다른 타입은요?
> 호카노 타이뿌와…?

53

매트한 제품 있나요?
> 맛또나 모노 아리마스까?

마무리감이 뽀송한 제품 있나요?
> 시아가리가 사라사라나 모노 아리마스까?

보습감이 좋은 제품 있나요?
> 우루오우 모노 아리마스까?

54

지성 피부예요.
> 오이리- 하다데스.

복합성피부예요.
> 콘고세이 하다데스.

민감한 피부예요.
> 빈칸 하다데스.

제일 인기 있는 건요?
이치방 닌키나노와…?
一番 人気なのは…?

쇼핑

얼마예요?
이쿠라데스까?
いくらですか?

쇼핑

면세되나요?
먼제이 데키마스까?
免税 できますか?

쇼핑

이거 주세요.
코레 오네가이시마스.
これ お願いします。

쇼핑

선물 포장 해주세요.
오쿠리모노데 오네가이시마스.
贈り物で お願いします。

쇼핑

큰 봉투에 주세요.
오오키이 후쿠로니 오네가이시마스.
大きい 袋に お願いします。

쇼핑

55

제일 유명한 건요?
> 이치방 유-메-나노와…?

제일 잘 팔리는 건요?
> 이치방 우레테루노와…?

제일 추천하는 건요?
> 이치방 오스스메와…?

56

저거 주세요.
> 아레 오네가이시마스.

이거 다 주세요.
> 고레 젠부 오네가이시마스.

57

이거 얼마예요?
> 고레 이쿠라데스까?

전부 얼마예요?
> 젠부 이쿠라데스까?

58

선물로 해주세요.
> 푸레젠토네 오네가이시마스.

59

면세로 (계산)해주세요.
> 멘제이데 오네가이시마스.

면세는 얼마부터인가요?
> 멘제이와 이쿠라까라라데스까?

다른 점포랑 합쳐서 면세되나요?
> 타텐포 아와세떼 멘제이데키마스까?

60

비닐 봉지에 주세요.
> 비니-루 후쿠로니 오네가이시마스.

쇼핑백 주세요.
> 후쿠로 오네가이시마스.

종이봉투 주세요.
> 카미부쿠로 오네가이시마스.

같이 넣어주세요.
一緒に入れてください。

잇쇼니 이레떼 구다사이.

소핑

사진 찍어도 되나요?
写真撮ってもいいですか？

샤신 톳떼모 이이데스까?

박물관

한국어 안내 있나요?
韓国語の案内ありますか？

캉코쿠고노 안나이 아리마스까?

박물관

사진 부탁합니다.
写真お願いします。

샤신 오네가이시마스.

박물관

신발 벗어야 하나요?
靴は脱ぎますか？

쿠츠와 누기마스까?

박물관

61

따로 넣어주세요. (따로 해주세요.)
> 베츠데 오네가이시마스。

62

영상 찍어도 되나요?
> 도-가 톳떼모 이이데스까?

사진 괜찮나요?
> 샤신 이이데스까?

영상 OK인가요?
> 도-가 오-케-데스까?

63

사진 찍어주세요.
> 샤신 톳떼 구다사이。

64

영어 안내 있나요?
> 에이고노 안나이 아리마스까?

한구어로 된 게 있나요?
> 캉코쿠고노 모노 아리마스까?

한국인 직원 있나요?
> 캉코쿠진노 스탓후 이마스까?

65

신발장은 어디있나요?
> 쿠츠바코와 도꼬데스까?

슬리퍼 있나요?
> 스립빠 아리마스까?

보관료 있나요? (받나요?)
> 호칸료- 아리마스까?

병원이 어디에요?
병-원 도끄데스까?
病院 どこ ですか?

여기가 아파요.
크크가 이따이데스.
ここが 痛い です

소화제 주세요.
쇼-까자이 오네가이시마스.
消化剤 お願いします。

두통이 있어요.
즈츠-가 아리마스.
頭痛が あります。

치한이야!
치칸!
痴漢!

가까운 데 병원이 있나요?
> 치카쿠니 보-인 아리마스까?

구급차 불러주세요.
> 큐-큐-샤 욘데 구다사이。

열이 있어요.
> 네츠가 아리마스。

도둑이야!
> 도로보-!

불이야!
> 카지!

생리통이예요.
> 세이리츠-데스。

두드러기요.
> 진마신데스。

체했어요.
> 쇼쿠모타레데스。

속이 더부룩해요.
> 이모타레데스。

진통제 주세요.
> 이따미도메 오네가이시마스。

감기약 주세요.
> 카제구스리 오네가이시마스。

해열제 주세요.
> 네츠사마시 오네가이시마스。

물건을 잃어버려서요.

오스레모노워 시마시따.

忘れ物を しました。

가까이에 파출소 있나요?

치카쿠니 코-반 아리마스까?

近くに 交番 ありますか?

전철에 물건을 두고 왔어요.
> 덴샤니 모노 워 와스레마시따。

택시에 물건을 두고 왔어요.
> 타쿠시-니 와스레모노 워 시마시따。

가장 가까운 파출소는 어딘가요?
> 이치방 치카이 코-반와 도 꼬데스까?